L'Amour dans la musique

Camille Bellaigue

© 2024, Camille Bellaigue (domaine public)
Édition : BoD · Books on Demand, 31 avenue Saint-Rémy,
57600 Forbach, bod@bod.fr
Impression : Libri Plureos GmbH, Friedensallee 273,
22763 Hamburg (Allemagne)
ISBN : 978-2-3225-4132-4
Dépôt légal : Mars 2025

L'AMOUR DANS LA MUSIQUE

Des études comme celles-ci[1], chronologiques, et pour ainsi dire successives, montrent bien les dangers du dogmatisme et la fragilité des systèmes préconçus. Elles font voir aussi dans l'histoire de l'art, surtout dans l'histoire d'un sentiment dans l'art. La difficulté de trouver un fil conducteur qui jamais ne se rompe ou ne se dérobe, qui relie sans détours et sans erreurs les époques et les écoles. De l'amour surtout, le plus ancien, mais le plus changeant de nos sentimens, il est impossible de ramener les variations à une marche constante, à un progrès régulier. A peine se risquerait-on à dire que les anciens compositeurs voyaient et montraient de l'amour surtout l'élément sentimental ; que les modernes en ont montré plus souvent l'élément sensuel. Il suffit, pour apercevoir cette transformation générale, de rappeler des noms que ne séparent pas seulement les années : Gluck et Gounod, par exemple.

Et encore cette vue d'ensemble n'est pas sans comporter des nuances, et peut-être plus que des nuances, des exceptions. On n'en saurait déduire une règle absolue. *Fidelio*, par exemple, est beaucoup plus chaste que certaines œuvres antérieures : *les Noces de Figaro* ou *Don Juan.* d'autre part, dans l'œuvre d'un même maître, l'amour d'*Armide* ne ressemble pas plus à celui d'*Alceste* ou d'*Orphée*, que l'amour de *l'Africaine* ne ressemble à celui des *Huguenots*. Mais comme cette tendance de la musique d'amour vers la sensualité, vers l'émotion physique, ne saurait être niée, il est bon au moins d'en garder la notion, comme une grande ligne de faîte, qui, malgré des variations passagères, n'en domine pas moins l'horizon.

Music is the food of love, la musique est l'aliment de l'amour, a dit Shakspeare. « Langue que pour l'amour inventa le génie, » a dit Musset. Avec moins de poésie et plus de finesse, Berlioz a remarqué que, si l'amour ne pouvait donner aucune idée dis la musique, la musique, au contraire, pouvait donner une certaine idée de l'amour. Oui, sans doute, une idée de l'amour, et même des idées d'amour ; elle exprime l'amour, et l'inspire.

Il n'est pas étonnant que l'amour tienne dans la musique plus de place que dans les autres arts. d'abord la peinture, la sculpture, l'architecture, savent exprimer des idées et des faits. La musique, non pas ; les sentimens seuls sont de son domaine, et, de tous les sentimens, le premier, à l'ancienneté comme au choix, c'est l'amour. De plus, les sons produisent sur les nerfs un effet spécial que ne produisent ni les formes ni les couleurs, et la musique est de la sorte à la fois conseillère et interprète d'amour.

Mais, si l'amour tient dans la musique une grande place, la première peut-être, il n'y tient pas toute la place. Il faut ici, comme dans nos études antérieures, laisser de côté la musique purement instrumentale. Elle est trop vague ; elle peut et même elle doit trop se passer de sujet, pour qu'on suive dans son histoire l'histoire d'un sentiment. Elle ne sait guère exprimer avec précision que la joie et la tristesse, et fixe difficilement les nuances intermédiaires entre ces deux pôles de la sensibilité. Nous devons donc restreindre notre étude à la musique chantée, sans même l'étendre à tout ce domaine. d'abord il y a des œuvres, des chefs-d'œuvre, où manque l'amour, où du moins il ne joue qu'un rôle secondaire : le *Freischütz, Guillaume Tell, le Prophète.* Ces œuvres sont des exceptions, je le sais, et le répertoire de la musique lyrique ou dramatique est en somme un répertoire d'amour. On risquerait de s'y perdre, si l'on ne se contentait d'y fixer seulement quelques points de repère. Ainsi ferons-nous, et dans le cours de cette étude nous ne nous arrêterons que sur les sommets.

I

Si l'on veut trouver en musique les premiers accens d'amour, on peut ouvrir un recueil de vieux airs italiens : *Arie antiche, raccolte da Parisotti*[2]. Tous chants d'amour, presque tous chastes et douloureux. La musique était trop jeune aux XVIIe et XVIIIe siècles pour produire des œuvres sensuelles comme *Faust* ou maladives comme *Tristan et Yseult*. Le domaine de l'âme, et celui-là seulement, était alors le domaine de l'art. Dans ces vieux airs, aussi peu de recherche que de sensualité ; de nobles mélodies et des harmonies fortes, voilà tout. Mais partout la tristesse, partout les peines sans les joies de l'amour. Sous le ciel italien, toujours la mélancolie, parfois le désespoir. Dans ce recueil, on trouverait à peine un sourire, l'aimable *arietta* de Lotti : *Pur dicesti, o bocca, bocra bella* ! à peine une page joyeuse, un air de Carissimi : *Vittoria ! vittoria* ! Encore n'est-ce laque le chant de délivrance d'un cœur qui n'aime plus, étrange préface à ce martyrologe amoureux !

Tout le long de ce volume, en vain la poésie tente de sourire, la musique ne veut pas être consolée. Voici les paroles d'un air de Cesti (1620-1669 ?) : « Autour de mon idole, respirez, respirez, brises suaves et douces ; et sur ses joues charmantes[3] baisez-la pour moi, courtois petits zéphirs. Mon bien suprême repose ; entourez-le, songes aimables, et lui révélez mon ardeur secrète, ô fantômes d'amour ! » Il n'y a pas là de quoi se désoler ; pourtant la mélodie est triste à mourir. Mais la belle et fière tristesse ! Comme le style est bien du grand siècle où tout se sentait et s'exprimait noblement ! Plus amère encore est une mélodie d'Antonio Caldara (1671-1763). Voici ce que chantait un compatriote, sinon un contemporain de Véronèse, entre le double azur de la mer et du ciel vénitien : « Comme un rayon de soleil doux et serein repose sur les flots tranquilles pendant que la tempête se tient cachée au sein profond de la mer ; ainsi quelquefois un sourire fleurit la lèvre de contentement et de joie, pendant qu'au plus profond de lui-même le cœur blessé se torture et se martyrise. » Ici la tristesse des paroles n'approche pas de celle de la musique. La mélodie est parmi les plus belles du recueil. C'est une sorte de *Ich grolle nicht*[4] moins exaspéré, mais non moins désespéré. Sur des accords répétés lentement se posent des notes basses, appuyées, s'enfonçant comme s'enfonce la douleur dans l'âme. Leur intensité s'accroît par leur gravité même, et chaque accord de l'accompagnement les fait pénétrer davantage.

Voici Pergolèse, avec un air peu connu, je crois. Une 6œur de Zerbine, de la servante maîtresse, un peu moins délurée seulement, chante ainsi : « Si tu m'aimes, si tu soupires pour moi seule, gentil berger, je souffre de tes souffrances et j'aime ton amour. — Mais si tu penses que je doive en retour n'aimer que toi seul, Oh ! alors, petit berger, tu pourrais bien te tromper ! » Un bijou, cette petite chanson, très maligne et un peu mélancolique, pleine de finesse et de coquetterie. Il faut l'entendre en italien, avec sa poésie mignonne, avec ses diminutifs : *soletto*, *pastorello*, avec son style musical un peu fleuri, avec la grâce de sa mélodie qui semble fuir, mais comme la

Galathée du poète, en provoquant. Et cet aveu d'inconstance, d'éclectisme amoureux, ne choque pas dans cette jolie bouche. On n'en veut point à ces lèvres rieuses de gaspiller un peu leurs baisers.

Tournons la page, nous rencontrons un air de Gluck, emprunté à l'opéra *Elena e Paride* : un air aussi triste que beau. Décidément, à cette époque, l'amour était trempé de larmes. — Et cela non-seulement en Italie, mais chez nous, où en témoigne le recueil célèbre des *Échos de France*. Quelle mélancolie charmante dans ces mélodies : *Du moment qu'on aime, Tandis que tout sommeille*, de Grétry ; *Il était là*, de Garat ; *Pauvre Jacques*, cette plainte d'une anonyme, d'une reine, dit-on ; *Plaisir d'amour*, la plus exquise des romances ! Ce sont là des pleurs moins amers, qui brillent au bord des cils et n'en tombent pas. Grétry, Dalayrac, Monsigny, n'ont point la tristesse tragique. L'air de Gluck cité plus haut offre bien quelque analogie avec la sérénade de *l'Amant jaloux : Tandis que tout sommeille* ! même tonalité, et presque même sentiment ; mais l'émotion de Gluck est autrement profonde que celle de Grétry. L'une touche l'âme, l'autre l'étreint.

Dans *les Échos de France*, avant Gluck, on ne trouve que deux pages vraiment pathétiques, toutes les deux de Lulli : *Bois épais, redouble ton ombre*, et : *Le héros que j'attends ne reviendra-t-il pas* ? La seconde nous conduit naturellement au cœur même de notre sujet : l'amour dans la musique de théâtre. L'air appartient à l'*Alceste* de Lulli (1674). Séparée du reste de l'ouvrage, cette page a beaucoup de grandeur ; on la prendrait pour la plainte d'une amante païenne, de quelque belle délaissée, « d'Ariane aux rochers contant ses injustices. » Mais dans l'opéra, ce n'est plus cela. Qui chante, qui pleure ainsi ? Une personne du prologue, la nymphe de la Seine, au beau milieu du jardin des *Thuileries*. Le héros qu'elle attend, c'est Louis XIV, encore à la guerre, en perruque et chapeau à plumes. Allez donc vous monter la tête pour quelques notes de musique ! Sans compter que nous ne sommes pas au bout de nos déconvenues. Bientôt arrive la Gloire (avec un G majuscule naturellement), annonçant à mots couverts l'arrivée du roi. La nymphe reprend sa chanson, qui ne saurait plus nous toucher, et les Thuileries se remplissent de Naïades et autres personnes mythologiques qui célèbrent le grand monarque et la prochaine alliance, sous ses auspices, de la Gloire et des Plaisirs (toujours avec des majuscules !).

L'œuvre de Lulli est presque entièrement dans ce goût, encombrée d'allégories et de cérémonies : pièce de gala ou de carnaval, où nous n'aurions guère à signaler qu'une scène vraiment belle : l'air de Caron : *Il faut passer dans ma barque*. Et c'est là une page, non pas d'amour, mais de haine. L'*Orphée*, l'*Alceste*, l'*Armide* de Gluck, voilà les premiers vrais drames d'amour.

On pourrait à Vienne, écrivait M. Hanslick en 1880, avoir atteint un âge respectable, sans avoir appris à connaître de Gluck autre chose que l'*Iphigénie en Tauride*. — A Paris, on peut avoir un âge raisonnable, sinon respectable, et n'avoir jamais vu représenter une seule œuvre de Gluck, même *Iphigénie en Tauride*. Il est tout simplement honteux que nul chef-d'œuvre du maître ne figure au répertoire de ce qu'on appelle en trois mots trop ambitieux : l'Académie nationale de musique.

En général, dans la musique de Gluck, ce n'est pas l'amour même qui est le plus et le mieux exprimé, mais les grands sentimens qui l'accompagnent : dans *Orphée*, la douleur, dans *Alceste*, le dévoûment, dans *Armide*, la haine, qui n'est souvent que l'envers de l'amour. Mais l'amour lui-même, et pour lui-même, on ne le trouve guère chez Gluck. La preuve en est que les duos de Gluck (et le duo devrait être le comble de l'amour) sont froids et traînans. Orphée, Alceste, Armide, parlent admirablement de l'amour, mais seuls. Les personnages de Gluck s'aiment surtout quand ils ne se voient pas. Cela tient à la conception de l'amour par Gluck, conception toute morale, toute psychique, dirait Bellac, où l'âme est tout, le corps, rien ou peu de chose. Le choix des sujets s'accorde avec cette donnée : *Orphée*, *Alceste*, sujets vertueux, conjugaux, tristes, où la tendresse ne se manifeste guère que par des larmes. Que voulez-vous ? Eurydice est morte et Alceste va mourir. *Orphée*, c'est l'amour qui survit à la mort ; *Alceste*, c'est l'amour qui l'affronte. Quant à *Armide*, drame où Renaud et Armide sont bien vivans, Gluck se le reprochait comme un péché de vieillesse. Un duo du cinquième acte, notamment, lui paraissait tellement passionné, que, pour l'avoir écrit, il craignait d'être damné. Cette moralité et cette chasteté caractérisent essentiellement le génie de Gluck. Elles étonnent et détonnent un peu dans la seconde moitié du XVIIIe siècle, où Gluck paraît un revenant du siècle précédent, un fils attardé des grands hommes sérieux et purs, amis de l'antiquité. En même temps que chez Gluck, mais tout autrement, la Grèce refleurissait dans une âme de poète, moins forte, mais plus charmante, moins chaste surtout, éprise de la grâce plus que de la grandeur antique, de Myrto plus que d'Alceste, et sensible aux faiblesses plus qu'aux vertus de l'amour. André Chénier et Gluck ! Par quelle étrange rencontre a brillé sur leur front ce double rayon de la Grèce ? d'où sont venues, à la veille des jours modernes, des jours violens et souillés, cette poésie douce comme le miel et cette musique chaste comme les marbres d'Hellé ?

Le marbre ! On pense toujours en relisant *Orphée*, non pas à sa froideur, mais à sa pureté. La première scène, vraiment antique par la simplicité des moyens et la noblesse de la forme, ressemble à un bas-relief funéraire ; elle se déroule comme une frise musicale. Au fond d'un bois sacré, de blanches théories entourent le tombeau d'Eurydice ; Orphée, couché sur la pierre, se soulève pour jeter au milieu du chœur ce seul cri : *Eurydice ! Eurydice* ! et rien, ni récit, ni air, n'égalerait la désolation de ce cri monotone. Ah ! le sublime veuvage, l'admirable douleur, sans contorsion ni grimace, et, comme toute passion antique, respectueuse de la beauté ! Les récits d'Orphée surtout sont incomparables. Enfermés dans un espace vocal restreint, à peine accompagnés, ils ont une force extraordinaire. Peu de notes, mais quelles notes ! Certes, c'est une belle inspiration que l'air : *Objet de mon amour* ! surtout dans sa seconde partie ; il a le seul tort de revenir trois fois de suite, comme par couplets. Mais les récitatifs qui relient les trois reprises dépassent de beaucoup l'air lui-même. *Aux mânes sacrés d'Eurydice, Rendez les suprêmes honneurs* ; ou bien : *Eurydice n'est plus et je respire encore* ! Quelle intensité, quelle obstination de douleur ! — Quel commentaire du vers de "Virgile : *Te veniente die, le decedente canebat* !

La douleur, le martyre d'amour, voilà les premières scènes d'*Orphée*, ou plutôt *Orphée* tout entier. Pourquoi faut-il que l'Amour, Cupidon, paraisse lui-même et vienne refroidir, en le personnifiant sous un maillot et des jupes de gaze, le sentiment idéal d'Orphée ? C'est là un reste des allégories chères au grand siècle ; cet Amour est encore un peu parent de la Gloire et des Plaisirs de Lulli.

Dans le second acte d'*Orphée*, on ne trouve pas moins de merveilles que dans le premier : la scène des Enfers et celle des Champs-Elysées, également, bien que diversement admirables. Ici encore, l'amour, partout l'amour. C'est lui qui met aux mains d'Orphée la lyre irrésistible, lui qui le conduit à travers l'Érèbe jusqu'aux prairies de pâles asphodèles où flottent les ombres heureuses, et parmi elles, Eurydice. Un peu insignifiante, la pauvre Eurydice ! Elle accueille Orphée avec surprise, ce qui se comprend, mais, ce qui se comprend moins, avec une certaine froideur. Elle ne chante avec lui que des duos sans passion, comme il sied à une ombre. Elle le presse bien de se tourner vers elle, de la regarder, de l'embrasser même, mais tout cela sans beaucoup de conviction. Et puis, elle disparaît, comme elle est apparue, en personne modeste. Alors, se retrouvant seul, Orphée reprend toute son éloquence. Il exhale la plainte fameuse : *J'ai perdu mon Eurydice.* Sa douleur n'est plus la même qu'au premier acte : elle a quelque chose de plus violent, de plus irrité, parce qu'Orphée est l'artisan de sa propre misère, et qu'il a perdu, par sa faute cette fois, le bonheur miraculeusement retrouvé. Décidément Gluck consacrait son génie à la souffrance plus qu'à la félicité humaine, au regret de l'amour plus qu'à l'amour même.

Au point de vue de la femme, de l'épouse, Alceste est la contrepartie, la revanche d'*Orphée. Alceste* est l'opéra de la famille, du foyer antique ; on pourrait lui donner pour épigraphe les paroles d'Ulysse à Nausicaa : « Il n'est rien de meilleur ni de plus beau que lorsqu'un homme et une femme habitent la maison, ne faisant qu'un par le cœur. » Rien ici des voluptés ni des troubles de la passion moderne ; rien qu'une tendresse chaste, domestique, en des âmes royales. Le drame lyrique de Gluck, comme la tragédie du grand siècle, aimait encore les personnages princiers. On ne comptait pas alors avec les petites gens, et personne ne se fût intéressé, par exemple, aux amours d'un jeune docteur allemand et d'une pauvre fille.

Dès le début d'*Alceste,* tout respire la noblesse et la majesté. Gluck commence autrement que Lulli, tout d'un coup, et par une immense clameur demandant au ciel le salut du roi. Devant le peuple, les mains posées sur la tête de ses enfans qui se serrent contre leur mère, Alceste est debout ; elle pleure, elle prie : *Grands dieux, du destin qui m'accable* ! Une semblable douleur paraît au-dessus de nos vulgaires douleurs ; on dirait la douleur d'une statue vivante. L'oracle a parlé : les dieux ne sauveront la vie d'Admète qu'au prix d'une autre vie ; la foule s'enfuit, laissant Alceste seule, épouvantée. Lentement la reine reprend ses sens, elle regarde autour d'elle : *Où suis-je ! ô malheureuse Alceste* ! Surprise d'abord, abattue, elle cherche du secours, elle cherche une victime dévouée : personne. Alors, par un retour foudroyant, elle découvre le seul être qui puisse, qui doive mourir, elle-même. *Ah* ! s'écrie-t-elle, *l'amour seul en est capable* ; l'exaltation, la fièvre de l'héroïsme la gagne ; le récitatif se hâte, sans que l'orchestre puisse l'atteindre, jusqu'à ce qu'enfin, fière et rassurée, Alceste laisse s'épanouir sa voix sur les derniers mets : *te sera rendu par l'amour.*

Comme cette musique est passionnée, mais noble ; comme elle vous emporte dans les hautes régions !

La fin du premier acte n'est que le développement de l'admirable caractère d'Alceste. *Non, ce n'est point un sacrifice* ! De son sacrifiée du moins, Alceste, d'abord, ne mesure pas l'étendue. Mais cette phrase à peine lancée, les visions douloureuses assiègent l'âme de la jeune femme. Sa mort sauvera son époux ; mais, morte elle-même, elle sera séparée de lui. La mélodie s'attendrit sur les mots : *Il faut donc renoncer... au plaisir de l'aimer, au bonheur de te voir* ? Puis, nouveaux retours de courage, et encore : *Non, ce n'est point un sacrifice* ! Mais, cette fois, la phrase ne s'achève pas. Une image plus poignante passe devant Alceste : ses enfans. Oh ! alors, son cœur maternel se fond dans un sanglot. La gradation des deux douleurs est juste, et Gluck pourrait en appeler ici à toutes les mères.

Des voix infernales réclament la reine. Elle leur répond par l'air fameux : *Divinités du Styx* ! Alceste n'a plus ni crainte ni faiblesse. L'enfer a beau lui lancer les terribles notes de cuivre qui tentent de couvrir sa voix, elle reste la plus forte. Avec orgueil elle refuse toute pitié, elle goûte dans leur plénitude les délices du dévouaient et de l'immolation. L'air : *Divinités du Styx*, n'est qu'un cri de triomphe. Par lui finit cette longue scène, où Gluck a exprimé avec toutes ses nuances et dans son entière progression la lutte d'un héroïque amour.

Le second acte commence à trahir le défaut de l'œuvre, et des œuvres de Gluck en général : la monotonie dans la grandeur. Presque rien de plus dans cet acte que dans le précédent. Tandis qu'Alceste continue ses apprêts de mort, nous faisons connaissance avec Admète, guéri et content. Lui aussi pourrait dire avec le héros de la tragédie : vous voyez devant vous un prince déplorable. C'est un pauvre homme. Il devrait savoir, supposer au moins, étant donné les dieux de l'époque, ce qu'a pu coûter son rétablissement. Mais il ne cherche pas qui se sacrifie pour lui ; il jouit sans arrière-pensée d'un dévoûment anonyme, et reçoit tranquillement, couronné de fleurs, les congratulations d'un peuple d'ailleurs aussi insouciant que lui-même. Assise à ses côtés, Alceste ramène sur son visage un pli de son voile ; elle détourne les yeux et dévore ses larmes. *O dieux, soutenez mon courage* ! La reine pleure tout bas, sans affectation, sans ostentation. Elle a la pudeur de son sacrifice. Une mélodie de flûte se traîne plaintive, accompagnant à la fois la pantomime des jeunes Thessaliennes et les sanglots de leur souveraine.

Admète enfin s'aperçoit du trouble de la reine et l'interroge. Berlioz, qui comprenait admirablement *Alceste*, a remarqué que cet air d'Admète exprime la joie du retour à la vie ; c'est un air de convalescent, un peu d'égoïste. Puis commencent de longs et beaux récits. Admète s'étonne, s'inquiète de plus en plus, et chaque nuance du *crescendo* se marque par de brefs accens d'orchestre : *Ton cœur me fuit ; je l'entends qui soupire.* Quelle profonde tendresse dans la réponse d'Alceste : *Ils savent, ces dieux, si je t'aime* ! dans la répétition, sur des notes plus hautes, des mots : *Ils savent, ces dieux* ! dans la conclusion en notes graves et pleines. Après cette solennelle attestation, vient la phrase doucement abandonnée : *Je n'ai jamais chéri la vie,* où se révèle le détachement de toutes choses, hormis de l'amour. Et les récitatifs continuent, le dialogue se hâte. *Et quelle autre qu'Alceste devait mourir pour toi* ? Là encore même effet de notes graves ; là se sent la simplicité du sacrifice accepté, voulu comme le devoir. Pas de cri, pas d'emphase ; Alceste se dévoue sans attendre de reconnaissance. Admète ici se relève : en de beaux récits, en un bel air, il proteste de sa tendresse et de sa douleur. Il veut refuser le funeste bienfait des dieux, et court au temple. Alceste demeure avec son peuple et reçoit ses adieux. Une fois de plus elle pleure sur elle-même, et cette fois encore avec de nouveaux accens. Devant tous, elle prend congé de la vie : sans faiblesse, sinon sans déchirement.

Au troisième acte, on ressent quelque lassitude. Au seuil de l'enfer comme dans son palais, Alceste est résolue à mourir ; et là encore Admète la conjure de vivre, sans toutefois mourir à sa place : toujours même rivalité, même concurrence magnanime et monotone. Voici pourtant un air magnifique d'Admète, avec les péripéties sentimentales accoutumées : toujours même grandeur, même noblesse, même douleur. Il est temps que les dieux viennent enfin sauver le roi et la reine et terminer leur débat héroïque.

Armide diffère d'*Orphée* et d'*Alceste*. *Armide* n'est pas un opéra conjugal. Il s'agit de l'amour passager d'un jeune héros et d'une magicienne ; de là, dans l'ensemble de l'œuvre, quelque chose de plus sensuel, si le mot était de mise avec Gluck, que dans les œuvres précédentes. Toute coupable qu'elle soit, Armide garde la noblesse classique ; elle a sa « gloire, » comme les personnes du grand siècle ; elle parle de son « vainqueur, » mais elle aime passionnément et d'un amour déjà moderne en quelque endroit. Ici plus de dévoûment, plus d'héroïsme : l'amour pour l'amour, involontaire, irrésistible. Il ne s'agit plus de mourir ni d'empêcher de mourir, d'aimer un moribond, comme Alceste, ou une morte, comme Orphée. Armide est bien vivante. Elle aime, non plus dans des palais grecs, mais en plein air, avec la complicité douce de la nature. Son jardin n'est pas encore celui de Marguerite ou de Juliette : il n'y a pas là d'ombres tièdes, de souffles qui font frissonner ; pas de ces bouffées d'orchestre pareilles à des soupirs, pas de cors anglais mystérieux ; seulement une flûte claire comme un ruisseau coulant dans des parterres réguliers, à la française ; un paysage de tapisserie, un peu comme Versailles, mais un paysage enfin, invitant à de molles amours.

Dès le début, la passion obsède Armide ; elle a reçu le coup de foudre. Vainement on lui parle de ses triomphes, à la belle magicienne, toujours aimée, jamais aimante ; une idée fixe l'assiège : Renaud, Renaud invaincu, mais non pas invincible ; car, dit-elle en une phrase charmante, *il est dans l'âge aimable où sans effort on aime*. Mais Renaud a délivré les captifs d'Armide ; Renaud veut partir, comme Hippolyte ou Bajazet, comme un de ces purs éphèbes prompts à se dérober devant les Phèdre ou les Roxane, ces furies d'amour que créait le doux Racine ; Armide est un peu de leur famille. En appelant contre Renaud qui l'a outragée les *esprits de haine et de rage*, elle se ment à elle-même, et la musique le montre bien dans ce duo, quand vient la phrase : *Démons affreux, cachez-vous sous une agréable image*. Malgré elle, Armide dévoue son superbe ennemi, non pas aux démons, aux fantômes hideux, mais aux visions enchanteresses. Renaud trouvera dans les bosquets magiques, au lieu de l'horreur et de l'effroi, des ruisseaux, des fleurs et des chansons d'amour, celle de la Naïade, par exemple : *On s'étonnerait moins que la saison nouvelle*, une des mélodies les plus caressantes de Gluck, délicieuse invite à aimer, à aimer pour aimer, seulement parce que l'herbe pousse, que l'eau murmure et que c'est le printemps.

Renaud sommeille ; Armide approche de lui, le poignard levé, respirant la vengeance. Elle le regarde, et sa colère se fond en amour. Cette détente d'une âme féminine est rendue à merveille par des récitatifs nuancés, changeons, par l'air attendri : *Ah ! quelle cruauté de lui ravir le jour*, avec sa péroraison aérienne, où l'accompagnement voltige au gré des zéphirs éveillés par Armide.

Le troisième acte est de beaucoup le plus beau. C'est là que la passion a le plus d'éloquence. L'acte tout entier marche d'un seul élan. Il commence par l'air fameux : *Ah ! si la liberté me doit être ravie, Est-ce à toi d'être mon vainqueur* ? Armide est calme encore. Elle médite seulement ; elle s'examine elle-même, et de plus en plus elle a peur d'aimer. Mille nuances délicates se devinent ici. Dans la phrase : *Comment as-tu changé ma colère en langueur* ? Dans cette autre : *Se peut-il que Renaud tienne Armide asservie* ? quelle indignation à la fois et quel ravissement ! quelle honte délicieuse ! La reprise même, le *da capo* fait bien ; redite avec plus de mollesse, la phrase du début montre Armide vaincue, à bout de force. À un petit conciliabule d'Armide avec ses confidens succèdent d'admirables récits : *Il m'aime ! Quel amour !* Impuissante à se faire aimer, Armide a dû recourir aux enchantemens. Cet amour ardemment souhaité, elle l'a surpris, volé ; peu s'en faut qu'elle ne le méprise et ne le déteste maintenant, cet amour si *différent du sien,* comme soupire amèrement la pauvre humiliée ! Plus elle regarde au fond de son âme, plus elle y voit croître une passion, si impérieuse qu'il lui faut à tout prix une satisfaction, celle-ci fût-elle de la part de Renaud inconsciente et involontaire. Ici l'emphase a disparu. Sincère, touchante, plus que toute autre héroïne de Gluck, Armide est vraiment femme.

Mais à peine elle se sent chanceler qu'elle se relève. Elle n'a point perdu « tout le soin de sa gloire, » et, se raidissant contre elle-même dans un effort désespéré, elle appelle la Haine à son secours. L'air est si pathétique, si terrible, qu'on oublie l'allégorie et la Haine personnifiée par une femme, comme l'Amour dans *Orphée.* qu'elle est tragique, Armide, se torturant elle-même, se serrant le cœur à le briser ! Parfois, au milieu de son évocation, un cri déchirant lui échappe : *Sauvez-moi de l'amour,* s'écrie-t-elle, en proie à l'épouvante, au vertige de la passion. Tout le développement de cet air est magnifique ; l'accompagnement, rythmé de même durant trois pages, ne paraît pas un instant monotone. La mélodie passe par des tonalités qui en rehaussent la force et la beauté, tandis que les dissonances de l'orchestre l'accentuent avec violence.

C'est de plus en plus beau. La Haine accourt, ameutant contre l'Amour ses sœurs furieuses. Pareil à un torrent débordé, le chœur roule, emporte tout dans sa course. Chant et accompagnement se poussent, s'entraînent l'un l'autre. Tout à coup, sous l'exorcisme foudroyant de la Haine, Armide se redresse, ou plutôt se retourne, et par un admirable revirement : *Arrête*, supplie-t-elle, *Laisse-moi sous les lois d'un si charmant vainqueur* ! vaine prière ! orchestre et chœurs sont déchaînés et poursuivent leur imprécation, quand, au-dessus de ce fracas, de ces dissonances, de cet accompagnement effréné, Armide pousse un cri si poignant, que tout s'arrête. Alors les Furies à leur tour font volte-face. C'est à l'Amour maintenant qu'elles dévouent la malheureuse. Elles s'éloignent, et la pauvre femme recueille ses dernières forces, retient son dernier souffle pour s'abandonner, pour se donner enfin tout entière : *Amour, puissant amour, viens calmer mon effroi, Et prends pitié d'un cœur qui s'abandonne à toi*. La lutte a été héroïque ; la défaite est touchante, et de cet acte on peut dire, mais sans ironie, que la chute en est *amoureuse, admirable*.

Voilà le point culminant d'*Armide*, et peut-être les pages les plus passionnées que Gluck ait jamais consacrées à l'amour.

II

Mozart n'a pas donné à l'amour la grandeur et la gravité de Gluck. Il ne l'a jamais pris au tragique, à peine au sérieux. Chez Mozart, pas de ces passions dont on meurt, pas de ces tendresses héroïques. Qui donc, dans *Don Juan* ou dans *les Noces*, aime profondément ? Elvire peut-être et la comtesse : l'une insupportable et l'autre charmante. Mais les autres ! Mais don Juan, mais Zerline, mais le comte, Suzanne, Chérubin ! Deux libertins, une paysanne futée, une rusée soubrette, un gentil gamin ! Chez eux tous, coquetterie, galanterie, effronterie ; toutes les grâces, tous les charmes, toutes les licences, tous les sourires de l'amour, sans aucune de ses vertus, de ses épreuves ou de ses larmes. Amour à fleur de chair, où les sens ont plus de part que le cœur, amour que Chamfort connaissait et qu'il a défini.

Don Juan, par exemple, courant après toutes les mantilles d'Espagne, a-t-il jamais eu en tête les théories qu'on lui a prêtées depuis ? A-t-il jamais réfléchi et raisonné sur l'amour ? Le voit-on épris d'idéal,

> Et fouillant dans le cœur d'une hécatombe humaine,
> Prêtre désespéré, pour y chercher son Dieu ?

Le dieu qu'il cherchait dans l'hécatombe humaine, ou plutôt féminine, n'était que son désir, cet éternel et vulgaire désir que nous connaissons tous, que beaucoup suivent, sans aller, comme don Juan, aux extrémités de la débauche et du crime, mais aussi sans y mettre, comme ses admirateurs, tant de prétention et de philosophie.

Cet amour tout simple, sans complications psychologiques, cet amour ordinaire, dirions-nous, si jamais l'amour était ordinaire, Mozart l'a chanté d'une exquise façon. Ne parlons pas de la sérénade, dont il y aurait à parler éternellement. Laissons ce délicieux appel d'amour d'un grand seigneur à une chambrière, laissons le héros, pour ne regarder que ses victimes. Anna n'aime point ; elle ne fait que haïr. A peine aime-t-elle Ottavio ; elle l'estime, voilà tout. Il faut que le pauvre Sigisbé en prenne son parti, qu'il se résigne à donner le bras à cette noble pleureuse, sans prétendre à baiser jamais fût-ce le bout de son voile de deuil. Il a beau lui chanter un air respectueusement tendre où les vocalises mêmes prennent une allure chevaleresque, héroïque, jamais Anna ne sera sa femme. On le disait plaisamment un jour auprès de nous à l'Opéra, pendant qu'un Ottavio de troisième ordre roucoulait mollement aux pieds de la farouche orpheline : « Ce n'est pas la peine, elle est butée ! »

Zerline, au contraire, n'est pas butée. Elle ne ferme pas l'oreille aux propos d'amour, on ne lui a pas tué son père. La voici, plus naïve d'abord et plus tendre que ne sera la Suzanne des *Noces*, s'en laissant conter dans le duo : *Là ci darem*, avec candeur et crédulité. La pauvrette peut-être ne voit pas encore trop ce dont il s'agit. Elle l'apprend, comme on sait, pendant le bal, et l'on sait aussi quel cri elle en pousse. Dès lors, elle n'est plus la même ; on s'en aperçoit au *Vedrai Carino* ! tout différent du *Batti, Batti, o bel Masetto* ; cent fois plus fripon, plein de sous-entendus, de réticences et de promesses, expressif même par les silences, par les hésitations de la petite rusée, qui semble chercher des mots difficiles à dire.

Mais voici bien une autre amoureuse : en mantille et robe de velours, l'éventail levé, le peigne en bataille au sommet du chignon, Elvire accourt. Amoureuse, elle l'est amèrement, furieusement. Elvire, au milieu des femmes de Mozart, occupe une place à part ; on dirait un citron dans une corbeille d'oranges. Quelle aigreur ! Écoutez ce tapage de mégère : *Ah ! chi me dice mai Quel barbaro dove è* ! Qui pourrait bien me dire où est le barbare ? Pour un peu elle dirait « mon pendard, » comme la Martine de Molière. Tout cela lancé d'un ton raide, saccadé, avec un rythme cassant, avec des pincemens et des grincemens de violons. De petites entrées hargneuses d'instrumens à cordes renforcent l'irritation d'Elvire ; les syncopes hâtent sa course haletante, infatigable, sur les talons de l'infidèle. « Si je retrouve l'impie, chante-t-elle littéralement, je lui arrache le cœur. » Et ce doux projet l'exalte ; elle prodigue en y pensant des notes piquées et pointues comme des coups d'épingle, elle jette même pour finir certaine phrase qui sonne comme une fanfare de colère. C'est qu'au fond cette virago a de la race et de l'allure. Son second air (car elle a la manie des airs) est d'une grande dame. *Mi tradi quell' alma ingrata* ! Ici la colère est tombée ; Elvire souffre, non plus dans son orgueil, mais dans son amour. Cet air a plusieurs reprises, qu'il faudrait dire en accentuant chaque mot, en graduant la douleur, un peu comme le faisait Mme Viardot, dans l'air d'*Orphée* : *J'ai perdu mon Eurydice.*

Hélas ! ce n'est pas ainsi qu'on le dit d'ordinaire : les cantatrices ânonnent cette belle page, qui prend alors une fâcheuse ressemblance avec une étude de Lecarpentier.

Encore un air d'Elvire : *Ah ! fuggi il traditore* ! de nouveau raide et grincheux. Mais dans le merveilleux trio du balcon, l'épouse se radoucit. L'influence de la nuit, la tiédeur de la brise, et surtout la voix de l'infidèle, ont vite fait d'amollir la pauvre femme, qui ne demande au fond qu'à ne plus gronder. Ses premières paroles : *Ah ! taci ingiusto core*, respirent la mansuétude et l'apaisement. Rien ne commence avec plus de charme que ce trio divin, avec une plus douce mélancolie et une plus douce espérance. Elvire est ici la sœur de la comtesse : elle aime en véritable fille de Mozart.

Au point de vue de l'amour, *les Noces* offrent plus de séductions que *Don Juan*. d'une merveille d'esprit, Mozart a fait une merveille de sentiment. Rossini, plus tard, devait seulement traduire *le Barbier de Séville*, le transporter en musique. Mozart a fait plus : il a transposé, transfiguré *le Mariage de Figaro* : «… Un illustre compositeur allemand se chargeait d'extraire du *Mariage de Figaro* tout ce qu'on y peut trouver de poésie intime et romantique ; il remplaçait les épigrammes et les équivoques graveleuses par les enchantemens d'une musique qui fond le cœur ; il ajoutait des clochettes d'or aux grelots toujours tintans de la marotte de Figaro. » C'est M. Cherbuliez qui a écrit cela, montrant ainsi que les maîtres critiques ont des clartés de tout, que l'intelligence générale et le goût universel suppléent en eux aux connaissances techniques, et qu'ils sentent ce qu'ils prétendent ne pas savoir.

Il est certain que la musique des *Noces*, bien que très spirituelle, est encore plus sentimentale ; elle flotte dans une atmosphère d'amour. Chérubin est peut-être la plus ravissante création de Mozart. Le maître a idéalisé dans cette figure exquise l'adolescence masculine avec ses inquiétudes, ses troubles de corps et d'âme, son ardeur folie à l'amour, ses désirs que rien n'arrête, que rien ne comble. Le voici, le *cherubino d'amor* ; il entre comme un petit tourbillon de satin bleu, secouant ses rubans et sa chevelure boudée. Il saute au cou de Suzanne, il l'étourdit de ses déclarations, il lui vole le ruban de la comtesse, il lui donne sa chanson : « Lis-la, dit-il, à ma marraine, à toi-même, à Barberine, à Marceline, à toutes les femmes du château. — Pauvre Chérubin ! s'écrie Suzanne, êtes-vous fou ? » — Il l'est en réalité, et l'air : *Non so piu cosa son, cosa faccio,* n'est que l'explosion de sa folie. Comme le cœur lui bat, à cet enfant ! Comme le sang lui monte aux joues et les larmes aux yeux ! Quel feu, quelle fièvre ! quelle passion, qui se prend à tout ce qu'elle rencontre ! Et dans ce désordre, avec cette volubilité, rien de vulgaire : mélodie, modulations, tout est délicieux, tout, y compris la fin, avec ce *rallentando* subit, ces trois ou quatre mesures d'adagio, de langueur et d'attendrissement qui précédent le dernier cri d'amour.

Le second air de Chérubin, le fameux *Voi che sapete*, est la perle de la partition, et l'une des plus ravissantes mélodies de la musique tout entière. *Voi che sapete*, c'est en musique, au point de vue de la forme bien entendu, et non du sentiment, ce qu'est en peinture la plus pure entre les Vierges de Raphaël, non pas celle de Saint Sixte ou de Foligno, mais la Vierge au voile ou la Belle Jardinière. Jamais moins de notes n'ont eu contour plus parfait, expression plus pénétrante. Dans le peu d'espace où elle est comprise, la mélodie se meut à son aise. La première phrase à peine terminée, une autre naît au-dessous d'elle, puis d'autres encore, toutes analogues et cependant différentes, comme sur une même tige des fleurs près d'éclore autour d'une fleur épanouie.

Au point de vue du sentiment, comparez ce second air de Chérubin avec le premier. Ici l'enfant, plus ému encore que tout à l'heure, se contient davantage. Il ne chante plus pour Suzanne, mais, comme dit Beaumarchais, pour « cet objet céleste dont le hasard fit sa marraine. » Cette marraine, cette grande dame, est tout ce que le petit page a jamais vu, jamais rêvé de plus beau : c'est sa reine, sa fée, sa déesse, une radieuse apparition qui tout ensemble le trouble et l'émerveille. Il cache sous sa veste de soie le ruban qui, la nuit, a reposé sur le sein de cette belle marraine ; c'est devant elle et pour elle qu'il chante, tremblant et ravi, tout bas, à genoux.

Il ne chante pas comme dans la comédie : *J'avais une marraine*. Il ne chante pas seulement pour la comtesse, mais pour toute femme dont les lèvres voudront sur ses lèvres d'enfant cueillir la fleur d'amour. Ah ! l'on dit trop : le *divin* Mozart. Dans le *Voi che sapete*, plus loin, dans l'air de Suzanne habillant, ou plutôt déshabillant Chérubin, le *divin* Mozart, malgré l'idéale pureté de la forme musicale, est d'une humanité, comment dire ? .. non pas libertine, mais délicieusement sensuelle. Sensualité d'adolescence, sensualité que préservent de la gravelure sa fraîcheur et sa jeunesse mêmes. Oh ! la charmante aurore d'amour, aube de trouble et de désirs, que nos quinze ans à tous qui ne fûmes jamais pages énamourés d'une comtesse, que nos quinze ans à tous ont souhaité de connaître telle que Mozart l'a rêvée ! Qui ne voudrait une telle marraine pour recommencer la vie et pour rapprendre l'amour ? Qui relirait sans un soupir dans Beaumarchais et surtout dans Mozart la scène où Suzanne et la comtesse, la soubrette friponne et la maîtresse troublée, laissent courir leurs mains sur le cou découvert de Chérubin, sur ses bras mignons et blancs, disent-elles, comme les leurs. *Voi che sapete* ! Vous qui savez… qu'est devenu le temps où nous demandions, qu'est devenue celle qui nous a dit : *Che cosa è amor* ?

Chérubin, Suzanne et la comtesse forment un adorable trio, grâce auquel *les Noces* sont au-dessus de *Don Juan*. Le duo de Suzanne et du comte est supérieur même au duo de Don Juan et de Zerline. Quelle mélancolie, quel accent de reproche affectueux, presque ému, dans les premiers mots d'Almaviva : *Crudel, perchè fin'ora farmi languir cosi* ? dans cette phrase caressante, arrondie ! Et déjà l'orchestre de rire, de courir, et Suzanne aussi de rire sous cape, de répondre par des *si* des *no* vivement croisés aux instances du comte : *Verrai ? Non mancherai ?*

Mais dans tout le rôle de Suzanne, il n'y a rien de pareil à l'air du dernier acte : *Deh ! vieni, non tardar.* Dans nul autre on ne sent autant d'amour. Pour qui ? Pour le comte ? Pour Figaro ? Pour Chérubin ? Qui sait ? Pour le premier peut-être, qui viendra par cette belle soirée, sous les grands marronniers, prendre la main de la jeune fille. A force de parler d'amour, on finit par en avoir l'âme pleine. Suzanne, Chérubin, la comtesse en sont un peu là, à la fin d'une pièce où tout le monde fait l'amour, ou le défait. Dans cet air du dernier acte, on sait que Suzanne plaisante, qu'elle n'ira pas jusqu'au bout de sa plaisanterie, et pourtant l'on doute, tellement la mélodie est tendre, voluptueuse même, et languissante de désir ; tellement les notes : *Vieni, ben mio* ! tellement la terminaison retombante : *incoronar di rose,* ressemblent à une attente, à un appel de véritable amour.

Ne quittons pas Mozart avant de saluer une de ses femmes les plus aimantes et les plus aimables : la comtesse. Entre elle et doña Elvire, quelle différence ! Elvire n'est même plus très belle ; peut-être ne l'a-t-elle jamais été. Don Juan a dû l'épouser par convenance. Tandis que la comtesse ! d'abord, il s'en faut qu'elle ait fait un mariage de convenance, celle-là. Et puis elle est encore si séduisante ! Nous n'avons jamais entendu l'air *Dove sono ! bei momenti,* ce chant si plein, cette mélodie au contour si arrondi, sans nous figurer les bras de la comtesse, de beaux bras injustement délaissés. Et comme, à la manière dont cette femme chante et pleure, avec une noblesse sans emphase, avec une douleur sans acrimonie, comme on sent qu'elle est inclinée à l'amour, qu'elle en a le regret et le désir encore, qu'il est imprudent de l'abandonner et de la laisser jouer avec son joli page ! Avec Elvire, il n'y avait pas de danger : elle était trop foncièrement, trop aigrement honnête, sa vertu était inattaquable. La comtesse est moins sûre d'elle. Mais, du moins, elle ne court pas les rues sur la piste de son mari, et quand, pour le regagner, elle est forcée de recourir à un stratagème, elle sent bien ce qu'il y a d'un peu risqué dans sa démarche ; elle a honte d'en venir malgré elle à des subterfuges, à des déguisemens dont souffre sa fierté délicate.

Des *Noces* à *Fidelio*, le passage est brusque et la transition manque. Beethoven au théâtre n'a pas la grâce de Mozart. Il n'a pas non plus la grandeur de Gluck, du moins il n'a pas la même. Cela tient un peu au sujet de son opéra. L'histoire de *Fidelio* est une pauvre histoire. Sous le titre honnête de *Léonore ou l'Amour conjugal,* ce chapitre de la morale en actions fut mis une première fois en musique par Gaveaux, et représenté à l'Opéra-Comique de Paris le 1er ventôse an VI. Peu de temps après, il fut remis en musique par Paër et joué à Vienne. Paër raconte lui-même qu'un soir, écoutant son œuvre, il avait Beethoven pour voisin. Le maître s'extasiait ; Paër de le remercier, et Beethoven de répondre : « Ah ! cher ami ! il faut décidément que je mette votre opéra en musique. » — Que devait être la musique du pauvre Paër, pour être pire qu'un tel livret ! Rien de plus ennuyeux que cette histoire vertueuse, opéra conjugal et lugubre qui sent la cave et le renfermé. Léonore ne se dévoue même pas comme Alceste, en plein air, sous le ciel riant de la Grèce. Et puis Alceste du moins est antique, elle est reine, et bien drapée ; Léonore n'est qu'une bourgeoise, et travestie encore, ce qui est toujours un élément considérable d'ennui. Quant à Florestan, en dépit d'un air admirable qu'il chante sur la paille des cachots, il manque encore plus de relief qu'Admète ; il a l'air d'un sujet de pendule.

Pas plus qu'*Orphée* ou *Alceste*, on ne joue maintenant en France *Fidelio* ; force est donc d'en parler d'après la seule lecture, et par conséquent avec une certaine réserve. On nous dit que *Fidelio* est une merveille au point de vue du théâtre ; nous n'oserions le dire nous-même sans avoir vu l'ouvrage. A la lecture, on y trouve des pages magnifiques ; mais (à l'exception du quatuor du pistolet), des beautés plutôt musicales que dramatiques. Il faut le reconnaître : l'opéra, ou le drame lyrique, ou le drame musical, peu importe le nom, n'a pas été créé par Beethoven. Il a été créé par Gluck et continué par Weber plus encore que par Beethoven : *le Freischütz* marque, dans l'histoire du théâtre, une plus grande date que *Fidelio*.

Le caractère dominant de *Fidelio*, c'est l'austérité. Beethoven, qui ne comprenait pas que Mozart eût mis en musique une pièce aussi licencieuse que *Don Juan*, voulait un sujet avant tout moral, lui, le chaste solitaire, qui ne badinait point avec l'amour. Sa Léonore est de la race des épouses héroïques. On le devine tout de suite, rien qu'aux premières mesures d'un trio du premier acte, où la jeune femme demande au geôlier Rocco de la conduire auprès du prisonnier. Rocco la félicite de sa compassion. Le brave homme bavarde en vrai concierge, tandis que Léonore, mettant dans sa voix une charité, un amour que Rocco ne peut soupçonner, s'écrie : « J'aurai le cœur d'y pénétrer. » Et aussitôt, avec une tendresse frémissante, mais tout bas et se parlant à elle-même, elle ajoute : « Pour une telle récompense, l'amour saura souffrir un spectacle douloureux. » La phrase est superbe, et couronnée par un *grupetto* singulièrement expressif. C'est dans son grand air que Léonore tout entière se révèle. Cet air pourrait bien avoir servi de modèle à celui d'Agathe dans *le Freischütz*. Tous deux se ressemblent : même tonalité, même coupe, même série de mouvemens. L'air de *Fidelio* n'a peut-être pas la jeunesse de celui du *Freischütz* ; ce n'est pas un air de fiancée, mais de femme, moins virginal que conjugal. Mais quelle force, quelle hardiesse presque virile ! Il y a de l'amitié dans cet amour. Quelques mesures d'*andante* accusent des souvenirs du bonheur passé. Puis vient un admirable *adagio*. La jeune femme s'absorbe en elle-même ; elle descend pour ainsi dire jusqu'au fond de son amour. Au-dessus de l'orchestre, sa voix perle des gammes égales et lentes, qui s'infléchissent en courbes charmantes. Quand la noble phrase est achevée, sur une sorte de fanfare éclate l'*allegro*, martial, fulgurant, explosion de générosité et d'enthousiasme. Après cet air sublime, et sans parler de l'adorable chœur des prisonniers, les autres pages maîtresses de *Fidelio* sont le duo de Rocco et de Léonore, le fameux quatuor du pistolet, et le duo des époux sauvés par l'arrivée de l'excellent gouverneur.

Le duo de la fosse est sinistre ; le contraste s'y accuse entre la rondeur vulgaire d'un geôlier à l'ouvrage et l'épouvante d'une femme creusant la tombe de son mari. La continuité de l'accompagnement en triolets, la plainte de Léonore, les mornes réponses de l'orchestre, tout cela est d'une tristesse mortelle : musique de cave, sans air ni jour. L'impression est encore redoublée par la froideur, la nudité de la fin : traversé de quelques lueurs d'espoir, le duo s'achève dans une obscurité sépulcrale par un glacial unisson.

Le quatuor du pistolet vaut surtout par la rapidité et le mouvement scénique. Voilà un chef-d'œuvre de théâtre, conflit violent et instantané de haine et d'amour, duel de quelques secondes entre le traître Pezarre et Léonore.

Quant au duo qui suit, il est admirablement beau, beau surtout par le mouvement constamment le même, toujours fiévreux, haletant, qui fait battre les deux cœurs à grands coups ; beau par le bouillonnement de l'orchestre, par une rentrée délicieusement tendre et une reprise triomphale. Ce n'est pour ainsi dire qu'un transport rapide, un éclair dans la nuit de cet opéra ténébreux. Ce morceau jetait Berlioz dans des convulsions d'enthousiasme. Jugez-en : « un duo… où la passion éperdue, la joie, la surprise, l'abattement empruntent tour à tour à la musique des accens dont rien ne peut donner une idée à qui ne les a pas entendus. Quel amour ! quels transports ! quelles étreintes ! avec quelle fureur ces deux êtres s'embrassent ! comme la passion les fait balbutier ! Les paroles se pressent sur leurs lèvres frémissantes, ils chancellent, ils sont haletans,.. ils s'aiment,.. *comprenez-vous,.. ils s'aiment* ? Qu'y a-t-il de commun entre un tel duo d'amour et ces fades duos d'époux unis par un mariage de convenance ! »

Certainement nous comprenons ; certainement Léonore et Florestan s'aiment ; et pourtant ce duo ne paraît plus aujourd'hui le dernier mot de l'amour. Nous serons plus émus, plus troublés par d'autres, par le duo des *Huguenots* ou celui de *l'Africaine*, par le duo de *Lohengrin*, ceux de *Faust* ou de *Roméo*. C'est Meyerbeer, je crois, qui va nous révéler en musique, — au moins dans la musique de théâtre, — l'amour le plus complet, le plus passionné et le plus chaste à la fois qui jamais ait possédé les âmes.

III

De Beethoven à Meyerbeer, quel intervalle dans l'histoire de la musique d'amour ! Entre ces deux noms, n'y a-t-il pas d'autres noms, et des plus glorieux : au théâtre, Weber et Rossini, par exemple ? Mais l'un et l'autre étaient à leur place dans notre dernière étude plutôt que dans celle-ci. La nature encore plus que l'amour domine *le Freischütz*. Le duo bien sage, bien modeste, d'Arnold et de Mathilde : *Il est donc sorti de son âme* ! n'est qu'un détail aimable de *Guillaume Tell*. *Le Barbier* est infiniment plus spirituel que tendre, et les beautés d'*Otello* (le dernier acte) sont surtout terribles.

Il est deux maîtres, étrangers ou presque étrangers au théâtre, qu'il faut au moins nommer ici, deux maîtres très grands en de petites choses : Schubert et Schumann. Ils ont fait en quelques pages, parfois en quelques mesures, des drames poignans et de ravissans poèmes. Il suffit de rappeler les innombrables *lieder* de Schubert ou de Schumann pour n'être point accusé d'oublier ces deux musiciens admirables, et le plus souvent désolés, des choses du cœur. Tous deux mériteraient une étude commune, et pour ainsi dire fraternelle. Mais ils sont en dehors, peut-être au-dessus du théâtre, et n'ont point à paraître ici.

Quels détours fait notre route, et comme il faut suivre sans rigueur les caprices de notre sujet ! A peine la sensualité de Mozart s'est-elle purifiée chez Beethoven, que nous rencontrons encore une œuvre pure. Meyerbeer a été chaste dans *Robert le Diable*, dans *le Prophète* et dans *les Huguenots*. Nous le verrons changer de note dans *l'Africaine*, et cette variété ou cet éclectisme n'est pas le moindre honneur de son génie. Il est de mode aujourd'hui, dans un certain monde, de décrier Meyerbeer. Mais « qu'est-ce que ça lui fait ! » comme répondait, je crois, M. Ingres à quelque agresseur obscur de Raphaël. L'auteur des *Huguenots* n'en reste pas moins jusqu'à nouvel ordre le plus grand homme du théâtre lyrique. On relèverait sans doute, même dans *les Huguenots*, des pages vieillies, des formes devenues formules, et parfois des beautés plus dramatiques que musicales ; mais la conception meyerbeerienne est encore celle qui, dans l'ensemble, satisfait le plus aux exigences, souvent difficiles à concilier, du drame et de la musique, aux compromis délicats et nécessaires entre la vérité et la beauté.

Nul opéra, je crois, n'a exprimé l'amour avec plus de grandeur que *les Huguenots*. Le duo de *Faust*, le duo nuptial de *Roméo*, le duo de *Tristan*, sont des duos d'amour terrestre ; celui des *Huguenots* plane au-dessus de la terre. Raoul et Valentine s'aiment, quelques heures avant la mort, comme on s'aimera sans doute après elle, avec les âmes seulement.

Cette pureté se reconnaît non-seulement dans le duo célèbre, mais dans l'œuvre entière, par exemple dans tout le rôle de Valentine, qui porte le signe certain de la passion et de la vertu. Dès l'entrée de Valentine, au troisième acte, la claire ritournelle de clarinette qui l'accompagne, l'admirable *cantabile : Ah ! l'ingrat, d'une offense mortelle* ! les moindres mots, les moindres mouvemens vers Marcel, tout révèle l'âme ardente, mais pure de la jeune femme, qui n'avoue que dans la nuit, et voilée, le secret de son amour, de son dévoûment et de son imprudence. Elle sauvera Raoul, sauf à trahir son père, mais non pas son époux, et l'ombre d'une pensée mauvaise ne ternira pas ce jeune front couronné de fleurs nuptiales.

Avec cette pureté, quelle tendresse, quel mépris des fausses pudeurs et des convenances trop étroites pour les grandes âmes ! Dans la nuit, parlant au serviteur fidèle de celui qu'elle adore, comme Valentine se livre ! Comme la passion comble toute distance entre le vieux domestique et la jeune patricienne ! Quelle générosité, quelle vaillance ! *Je veux donc le sauver, fût-ce au prix de ma vie !* Qui ne se rappelle l'éclat, l'éclair de ces mots, et, dans la dernière partie du duo, l'exaltation du chant, l'ardeur fiévreuse de l'orchestre ?

Jusqu'au quatrième acte, Raoul et Valentine se sont à peine vus, et seulement pour se méconnaître, pour s'affliger l'un l'autre. Leur rencontre, au quatrième acte, n'en est que plus foudroyante. Et dire que Scribe, le roi des librettistes pourtant, n'avait point écrit là de duo ; sans Nourrit, il n'en eût point senti la beauté, la nécessité même !

Raoul et Valentine sont aux prises. Échevelée, la jeune femme a couru à la porte, qu'elle barre de ses bras nus. C'est là, à ce moment précis, qu'elle se décide à tout risquer, à tout dire. *En t'écoutant, je suis coupable. — En t'écoutant, ne le suis-je donc pas* ? .. Le mouvement s'anime, les phrases se coupent, et sur un trémolo mystérieux, qui laisse à chaque mot sa portée et son relief, se pose cette adorable supplication : *Reste, Raoul, puisque tu me chéris* ! Même ici, Valentine est presque maîtresse d'elle-même ; elle semble encore réfléchir et peser les périlleuses paroles qui lui échappent une à une. *Je t'implore enfin... pour moi-même,.. car si tu meurs...* Une triple secousse d'orchestre précipite l'aveu chaste et hardi : *Reste,.. je t'aime !*

Subitement alors, l'horizon s'ouvre et s'illumine. *Tu m'aimes* ! reprend trois fois Raoul, chaque fois sur une note plus haute et d'une voix plus douce, dans l'éblouissement d'une infinie perspective d'amour. L'ascension de ces trois cris, ou plutôt de ces trois soupirs, exprime bien l'éclaircissement, le rassérènement d'une âme. Raoul oublie tout : ses soupçons du premier acte et ses aveugles refus du second, les méprises et les douleurs passées. Oubliées aussi, les affreuses paroles entendues il n'y a qu'un instant, et la mort qui se prépare pour la moitié d'un peuple. Le jeune homme ne tremble plus de colère et d'horreur, mais de surprise et d'amour. Les paroles lui viennent, abondantes et douces. Quelle effusion, quelle détente dans cette phrase : *Quel mot du ciel s'est fait entendre* ! Quelle bravoure de vingt ans, quel défi juvénile à la mort, au-devant de laquelle il voulait courir tout à l'heure, et qu'il rêve maintenant d'attendre aux pieds de la bien-aimée.

Mystérieusement éclose dans le cœur de Raoul, la passion y grandit vite ; elle l'envahit peu à peu tout entier. Si le duo que nous étudions est la merveille des *Huguenots*, la phrase : *Tu l'as dit* ! est la merveille de ce duo même. Raoul la chante le premier avec ivresse, avec une langueur extasiée. Sa voix glisse sur l'accompagnement moelleux et dessine lentement la caressante mélodie : *Tu l'as dit, oui, tu m'aimes*. Comprise tout entière en quatre mesures, elle se répète immédiatement : *Dans ma nuit quelle étoile a brillé* ; mais sur les derniers mots elle s'infléchit un peu, et se détourne pour s'épanouir plus largement encore. *C'est l'air pur des cieux mêmes*, murmure Raoul, et l'air pur, en effet, semble s'exhaler par effluves de l'orchestre. Suit une rentrée délicieuse, *Oubliant ! Oublié* ! qui ramène le thème primitif. Valentine, jusqu'ici muette, balbutie des paroles d'épouvante, et son effroi vient se perdre dans l'extase de Raoul. Cependant l'âme du jeune homme se dilate, et de plus en plus s'emplit de cet immense amour. Les instrumens à cordes, les violoncelles surtout, débordent, emportent les deux voix dans un torrent sonore. Raoul n'entend même pas les réponses entrecoupées de Valentine. Errante sur leurs lèvres à tous deux, la mélodie cherche de loin son point de départ, elle oscille pour y revenir. Elle y revient enfin ; et, par un miracle musical et dramatique, — miracle de beauté et de vérité tout ensemble, — cette même mélodie amène une double explosion, d'amour chez Raoul et de terreur chez Valentine. Enfin, la phrase s'apaise ; elle passe doucement, en mourant, d'un instrument à un autre, et par degrés elle s'éteint sur ce dernier mot : *Viens* ! qui descend des hauteurs comme un dernier hommage d'adoration et de respect. En vérité, jamais on ne s'aima ainsi, avec cette passion et cette chasteté. Lisez, dans la *Chronique de Charles IX*, la scène entre Diane de Turgis et Mergy, dont la scène des *Huguenots* est évidemment inspirée, vous mesurerez de quelle hauteur l'idéal du musicien domine celui du romancier. Est-ce le danger, est-ce la mort prochaine, est-ce la noblesse naturelle de ces deux âmes qui sanctifie leur tendresse ? Je ne sais, mais pas une note de sensualité ne ternit la pureté de cette nuit d'amour.

L'amour change de note dans *l'Africaine*, dont l'incomparable quatrième acte réunit les trois grands sentimens que nous étudions : le sentiment religieux, le sentiment de la nature et l'amour.

La tendresse de Raoul et de Valentine est autrement surnaturelle et complexe que la passion de Vasco et de Sélika, — celle de Vasco surtout, — caprice de voyageur, de marin, sollicité par des sensations inconnues, par des désirs nouveaux. Là-bas, dans les contrées étranges, l'âme, comme le corps, se dépayse, abjure un peu sa morale et son esthétique d'Europe. Là-bas, elle subit je ne sais quel avatar qui l'incline sans trop de scrupules, surtout sans le moindre préjugé de race ni de couleur, aux amours naturelles, — j'allais dire animales, — qui la soumet au pouvoir des Vénus inconnues. Vasco tombe au milieu d'une nature excessive, écrasante ; le soleil le brûle, l'air le grise. Un instant menacé de mort, et sous la hache des barbares, il revient à lui et résout de bien mourir. Les idées morales le ressaisissent ; le héros reparaît, mais pas pour longtemps. Il se voit sauvé par la reine elle-même, son esclave d'hier, la reine aux yeux sombres, au diadème de plumes éclatantes, aux voiles de gaze et d'or. Le voilà roi, maître de ce pays de feu et de cette créature de bronze. Il se trouble, et l'on se troublerait à moins. Demandez à Pierre Loti, qui, dans le pays de Barahu, n'était pourtant pas roi.

Devant la pagode étincelante, au milieu des trépieds qui fument, monte une clameur religieuse. Trois fois la voix du vieux brahmine, trois fois la voix du peuple porte vers le soleil l'invocation sacrée. Il n'y a point là d'idolâtrie grossière, de fétichisme ridicule ; ces rites sont grandioses. On oublie quels dieux ce peuple prie, quelles puissances il adore, pour adorer et prier avec lui. Tout le monde est à genoux, sauf le pontife, debout entre les fiancés, qui boivent dans des coupes d'or. L'auguste psalmodie plane sur eux ; à l'orchestre, un murmure continu, un bourdonnement de basses en *pizzicati*, d'où se détache, non pas une phrase, mais un appel, une invite à l'amour. Cette bénédiction grandiose nous rappelle une autre bénédiction, chef-d'œuvre aussi de Meyerbeer, un autre hymen, consacré celui-là, non pas sous le soleil d'Afrique, et par un pontife à la tiare d'or, mais par un vieux serviteur cuirassé de buffle, la nuit, à la lueur des arquebusades, dans un carrefour de Paris ensanglanté. Comme le brahmine, Marcel bénit les époux, mais il leur parle d'un autre amour ; les paroles nuptiales sont autrement austères, et les seules joies promises sont celles de la mort. Le choral luthérien contraste avec cet épithalame tout frissonnant de volupté grandiose, mais de réelle volupté, avec cette phrase ardente du prêtre : *Si tu veux posséder le trésor que Brahma rend à nos vœux*, qui montre si belle la noire épousée, *nigra sed formosa*. Le cortège des vierges s'éloigne ; la nuit tombe, et les grandes fleurs répandent leurs parfums à pleins calices. Bien que troublée, haletante, Sélika ne veut tenir son bonheur que de Vasco lui-même ; elle ne veut ni le dérober, ni le surprendre. Elle montre au jeune homme le navire, qu'il peut rejoindre encore. « Tu peux partir, dit-elle. — Je le sais,.. je le sais, » répond Vasco d'une voix toujours moins assurée. Les noms des dieux hindous retentissent de nouveau derrière les palmiers. On entend le peuple qui appelle les faveurs divines sur le royal hyménée. La patrie de Sélika, sa terre natale, les étoiles de son ciel, la brise de ses jardins, tout conspire pour elle et vient en aide à son amour. Vasco ne résiste plus ; il perd la raison. Sélika reste plus maîtresse d'elle-même : en vraie fille de Meyerbeer, c'est avec son âme surtout qu'elle aime et qu'elle aimera jusqu'à la mort celui qui ne l'aime qu'avec ses sens, qui passe par toutes les phases du désir, mais du désir seulement. Il languissait tout à l'heure, énervé, écrasé par des voluptés trop fortes, maintenant il s'exalte et s'enflamme. Il prodigue les sermens éternels. Moins sensible aux enchantemens du ciel natal, aux ardeurs de son soleil, mal assurée d'une foi déjà jurée et parjurée, Sélika doute encore, et ce n'est que devant la promesse, devant l'affirmation de l'hymen accepté pour toujours, ce n'est qu'en entendant l'adorable aveu de Vasco prosterné, qu'elle pousse enfin un cri de joie, presque de triomphe sauvage. Alors quel délire ! La phrase : « *transport ! délicieuse extase !* est un peu vulgaire, trop chaude peut-être d'une ardeur presque toute physique, surtout si on la compare à la phrase des *Huguenots : Oui, tu l'as dit* ; mais il faut songer qu'on ne s'aime pas de même ici, et qu'il s'agit d'étreintes où le sang a plus de part que l'âme. Voici d'ailleurs une autre phrase où l'amour s'idéalise et prend des ailes : *O ma Sélika, vous régnez sur mon âme* ! Comment la pauvre sauvagesse ne se laisserait-elle pas abuser par ces douces paroles ! Dans quel pays inconnu, dans quel air subtil a jamais soupiré pareille mélodie ! Sur le sein de quelles vierges sombres s'enivre-t-on de pareilles extases ! Le duo s'éteint languissamment, il meurt en soupirs de volupté et les deux voix s'évanouissent ensemble derrière les blondes mousselines, dont les bayadères voilent la retraite des époux.

Le voilà chez Meyerbeer, comme nous l'avons vu chez Gluck dans *Armide*, l'amour pour lui-même, pour lui seul, sans arrière-pensée de devoir ou de danger. Mais comme il est plus pénétrant, plus saisissant ici ! La différence énorme qui sépare, au point de vue de l'expression, la musique de Gluck et celle de Meyerbeer, ou plus généralement la musique ancienne et la moderne, s'analyse malaisément, mais un rapprochement pareil la fait bien sentir. Mille élémens se sont ajoutés à l'art : élémens de pensée et d'exécution. qu'étaient les paysages et les personnages d'*Armide* auprès de ceux de *l'Africaine*, auprès de cet exotisme des choses et des êtres ? Les figures musicales de Meyerbeer ont un relief, une couleur que n'eurent jamais au même degré celles de Gluck, ni peut-être celles d'aucun musicien de théâtre. Quant à l'orchestration, sans parler ni de l'harmonie, ni des chœurs, ni des récitatifs, il serait trop aisé d'en montrer chez Meyerbeer le développement colossal et les ressources infinies. Dans des œuvres comme *les Huguenots*, comme *l'Africaine*, quelle variété ! quel fond, quel arrière-plan, quel décor musical à chaque tableau ! En vérité, je ne sais pas, dans la littérature, de progrès comparable au progrès de cette forme toute moderne de la musique : l'opéra.

IV

Nous voici en présence des maîtres contemporains : Verdi, Wagner, Gounod. Au-dessous des grandes héroïnes que nous avons nommées, que nous nommerons encore, faisons une humble place à une pauvre fille. Elle ne fut ni une grande dame comme Valentine, ni une reine d'Orient comme Sélika ; mais une pécheresse, une égarée, *una traviata*. « Les penseurs et les poètes de tous les temps, a dit M. Dumas fils dans la préface de *la Dame aux camélias*, ont apporté à la courtisane l'offrande de leur miséricorde. » Un musicien ne la lui a pas refusée. Verdi, qui n'a pas voulu, nous disait-il un jour, écrire la musique de *Patrie* par mépris, presque par dégoût de Dolorès, a écrit, par pitié pour Marguerite Gautier, la musique de *la Dame aux camélias*. *La Traviata*, c'est la traduction musicale d'une œuvre qui marque une date dans la littérature d'amour. Ce genre, dira-t-on, avait déjà produit *Manon Lescaut*. Mais ce n'est pas la même chose. Il y a infiniment plus de cœur et d'honnêteté dans le livre de M. Dumas que dans celui de l'abbé Prévost. Armand Duval n'est pas, comme Desgrieux, un aigrefin et pire encore ; Marguerite Gautier n'est point la petite coquine qu'est Manon. Marguerite Gautier est le type d'une classe de femmes disparue, ou plutôt transformée, courtisanes ou filles entretenues, comme on les appelait, de noms plus emphatiques, mais plus relevés que ceux dont on

43

les nomme aujourd'hui. L'auteur de *la Dame aux camélias* écrivait très justement en 1867 : « *La Dame aux camélias* ne pourrait plus être écrite aujourd'hui. Non-seulement elle ne serait plus vraie, mais elle ne serait même pas possible. On chercherait vainement autour de soi une fille donnant raison à ce développement d'amour, de repentir et de sacrifice. Ce serait un paradoxe… Ce n'est plus une pièce, c'est une légende ; quelques-uns disent une complainte. J'aime mieux légende. » — Nous aussi. — Cette légende de la courtisane généreuse, désintéressée, intelligente, et poitrinaire par-dessus le marché, cette légende des grandes amours irrégulières, des liaisons romanesques et touchantes, Verdi l'a mise en musique avec un rare bonheur. Il a fait cette fois, et peut-être cette fois seulement, avant *Aïda* et *Otello*, de la musique littéraire.

Quel anachronisme (imposé, dira-t-on, par les traditions du théâtre musical) d'affubler de costumes, tantôt Louis XIII, tantôt Louis XIV, les personnages de *la Traviata* ! La musique ne cesse de protester contre ce travestissement ; comme le drame, elle est toute moderne, elle est la musique d'une époque, d'une période de notre siècle ; elle répond à un sentiment passager, au besoin qu'éprouva le romantisme de réhabiliter la courtisane, de lui refaire par l'amour une virginité. Depuis, M. Dumas lui-même a changé de note, et *le Demi-Monde* a été, sinon la contrepartie, au moins la correction de *la Dame aux camélias*.

A tout le mal qui s'est dit, qui se dit encore de *la Traviata*, l'on peut répondre avec M. Hanslick, un Allemand pourtant, qu'il est plus aisé de railler les défauts de *la Traviata* que d'en imiter ou d'en surpasser les qualités. Musique italienne, soit ; trop de roulades, de points d'orgue ; orchestre souvent insignifiant, quelquefois brutal ; des platitudes, des vulgarités, j'admets tout cela, et « je vois ces défauts dont votre âme murmure, » mais je vois aussi la jeunesse, la passion, le cœur en un mot, et çà et là une grâce, une sensibilité exquises. Musique purement mélodique et chantante, mais dont le chant est parfois si pénétrant, la mélodie si touchante, qu'on ne demande rien de plus.

Le premier acte, par exemple, est très inégal ; on y citerait plus d'une page triviale. Mais cette trivialité même peut ici se justifier. Le *brindisi* devenu populaire, et trop populaire, ne messied pas au souper d'une fille entretenue. Il a bien l'allure débraillée, la gaîté nerveuse et un peu factice qui règne parfois dans le monde interlope. Musique de viveurs, nous dirions presque de *noceurs*.

A côté de ces crudités, on goûte mieux certaines délicatesses : par exemple, la première rencontre de Violetta et d'Alfredo (quel nom ridicule !) dialogue à demi-mots et à voix basse, plein de réticences et d'hésitations, courant à fleur d'orchestre, d'un orchestre qui valse, comme valse trop souvent l'orchestre de Verdi, mais qui valse ici à propos. Charmante, la phrase du ténor, surtout à cette effusion : *Di quell' amor, quell' amor che è palpito* ;

charmante aussi de légèreté, d'insouciant encore rieuse, la réponse de Violetta ; ici les notes piquées, les fioritures sont à leur place. Violetta, restée seule, a gardé dans l'oreille la cantilène d'Alfredo (décidément ce nom est impossible) ; elle la reprend à son tour au milieu d'un air mélancolique, premier avertissement d'amour. Puis, après un point d'orgue, deux, trois points d'orgue, hélas ! Eclate le traditionnel *allegro* de bravoure. Il est un peu vulgaire, mais il a le diable au corps. Toujours des points d'orgue, mais aussi des roulades justifiées, dramatiques même. Dans la coulisse murmure le chant d'amour, et les gammes brillantes de Violetta essaient de couvrir l'insinuante mélodie. Voilà bien la femme qui cherche à s'étourdir, qui sent le danger et veut étouffer la voix inconnue et redoutable. Cette fin d'acte est excellente.

Au second acte, le duo de Violetta, avec Germont, et l'adieu de Violetta à Alfredo sont des scènes fort touchantes. De quels bons sentimens fait preuve la pauvre fille dans ce duo dont la donnée est au moins singulière ! C'est au nom de sa fille à lui que Germont vient supplier Violetta de lui rendre son fils ; l'établissement de la jeune personne dépend, à ce qu'il parait, de la rupture. Voilà d'étranges argumens, et cependant la bonne créature en est touchée. Tout ce qu'elle chante dans ce duo montre son âme meurtrie et repentante. Sans glorifier son amour, sans le justifier autrement que par cet amour même, elle le défend tantôt avec douceur, avec humilité, tantôt avec fièvre, avec désespoir. Il faudrait citer ici presque toutes les phrases de

Violetta, ses répliques aux admonestations de Germont. *Cosi alla misera, che è un di caduta* ! Quel beau cri de désolation, quel regret de l'irréparable déchéance ! Dans la phrase : *Dite alla giovine* ! que de générosité ; partout, quelle souffrance ! Ces mélodies italiennes sont belles, quand elles le sont, d'une beauté particulière ; elles ont quelque chose de vibrant et de vivant. On dirait qu'elles sortent sans effort, et toutes notées, de l'âme humaine.

Le vieillard s'est éloigné. Fidèle à sa promesse, Violetta veut laisser à Alfredo un billet d'adieu. Tandis qu'elfe écrit, une pénétrante ritournelle d'orchestre exprime le déchirement qui se fait en elle. Rarement à ce point de sa carrière, le maître italien eut de pareilles délicatesses d'intention, de semblables bonheurs d'expression. Alfredo paraît soudain. Haletante, la gorge serrée, Violetta veut lui parler. Un seul mot, une seule question lui échappe : toujours la même, toujours plus pressante : *Tu m'ami ! tu m'ami* ! et l'orchestre pousse, précipite le chant. La simple réponse d'Alfredo, en deux notes seulement, a la solennité d'un serment. Alors Violetta veut sourire, être forte ; ses nerfs se tendent à se briser et se brisent en effet dans l'explosion superbe : *Ama mi, Alfredo* ! l'un des plus beaux cris de la musique d'amour. Nulle combinaison d'harmonie, nulle recherche d'orchestre ne vaudrait cet éclat purement vocal. On sent que la pauvre femme donne et reçoit ici le dernier baiser, avant le baiser de mort.

Les scènes de l'agonie et de la mort sont belles aussi. Le chant des violons en sourdine, pendant l'entr'acte, n'est qu'un souffle, un souffle de vie prêt à s'exhaler. La mélodie est ténue, ployante ; des syncopes l'oppressent. L'air : *Addio, del passato*, toucherait par sa mélancolie les cœurs les plus rebelles au génie italien. Ces deux scènes sentent la solitude, la détresse du corps et de l'âme. On peu de joie au dénoûment, un pâle rayon dans la phrase délicieuse : *Parigi, ô cara* ! et dans la réponse plus délicieuse encore et toute tremblante : *Dei corsi affanni.* Tout cela est féminin, douloureux et tendre. Verdi aurait pu écrire à la fin de *la Traviata* ce que Beethoven écrivait en marge d'une de ses œuvres : « Venue du cœur, puisse-t-elle y retourner ! » C'est au cœur surtout que va cette musique.

S'il était possible de tout dire, c'est ici qu'on aimerait parler d'une œuvre récente, *Manon*, l'une des meilleures partitions de M. Massenet, traitée dans un style tout autre que celui de *la Traviata*, écrite et pensée avec plus d'ingéniosité et de recherche, semée de ces détails charmans auxquels se plaisent les musiciens d'aujourd'hui, celui de *Manon* plus que les autres. Une scène surtout, non pas des principales, serait à prendre dans l'œuvre de Verdi, comme dans celle de M. Massenet, pour marquer la différence des deux inspirations et des deux styles. Auprès de Manon comme auprès de Violetta, le comte des Grieux, comme Germont, intervient. Mais l'entrevue dans *Manon* est beaucoup moins longue, surtout beaucoup moins décisive. d'abord elle n'a lieu qu'après la rupture. Et puis le comte et Manon feignent de ne pas se connaître ; ils s'entretiennent de des Grieux et de Manon elle-même, sinon comme d'inconnus, au moins comme d'étrangers. Cela donne à leur dialogue une délicatesse particulière, une émotion discrète, avec une sorte de réserve et d'embarras. Au Cours-la-Reine, pendant un bal populaire, dont un petit orchestre joue au loin les contredanses, Manon aborde le comte. Timidement, craignant à chacune de ses questions une réponse douloureuse, la pauvre fille interroge celui qui lui a enlevé son chevalier. Parlant comme au nom d'une amie dont elle plaindrait la peine : « Je voudrais, dit-elle, savoir s'il a pu parvenir *à chasser de son cœur ce cruel souvenir* ? » Alors ce n'est plus le petit orchestre de scène qui joue. L'orchestre de la salle prend l'accompagnement. Et le comte, ému par le chagrin de la pauvrette et par son humilité, est près de se trahir. Une larme lui monte aux yeux, et aux lèvres une phrase de sympathie, presque de regret pour l'amour qu'il a brisé : *Faut-il donc savoir tant de choses ?…. où vont les premières amours… où vole le parfum des roses*. Puis les danses recommencent au loin, et le comte, troublé, s'incline avec courtoisie et s'éloigne, laissant Manon songeuse. La scène est traitée avec une sensibilité sans exagération ni emphase. Auprès de la grande scène de *la Traviata*, ce n'est qu'une esquisse, mais une esquisse charmante, tout à fait dans le goût, dans le style du sujet et du temps, et dont il était impossible ici de ne pas se souvenir.

V

De Manon à Lohengrin, encore une de ces voltes, de ces interversions même que notre étude entraîne et que le lecteur excusera. Il y a beaucoup à dire sur Wagner, plus encore sur Gounod au point de vue qui nous occupe, et nous avons voulu déblayer le terrain avant de finir par eux.

Wagner a varié dans sa conception et dans son expression de l'amour. Lohengrin et Elsa, Siegmund et Sieglinde, Tristan et Yseult ne s'aiment pas de la même manière. Bien plus, dans la série des trois œuvres, le sentiment suit une progression caractérisée, un *crescendo* de passion et de violence. Rien ne paraît encore dans *Lohengrin* de la sensualité qui tiendra une grande place dans *la Valkyrie*, et presque toute la place dans *Tristan*.

Le mythe de *Lohengrin* est peut-être plus pur encore que celui de Psyché, dont il n'est qu'une imitation ou un souvenir. Il touche davantage aux questions morales. Lohengrin ne s'est pas, comme Éros, épris d'une vierge pour sa seule beauté ; il n'a pas la coquetterie de dérober à son épouse les traits de son visage ; ce qu'il lui cache, c'est son nom et l'essence merveilleuse de son être. Ce n'est pas, comme Psyché, par une curiosité toute physique qu'Elsa perdra le bonheur.

Qu'on ne dise pas au moins que Lohengrin n'aime pas Elsa ; que s'il l'aimait il resterait près d'elle et ne sacrifierait pas leur félicité commune à je ne sais quel vœu d'incognito. Le chevalier blanc chérit Elsa, mais il place au-dessus de son amour la loi dont il est le serviteur, et il y a quelque grandeur dans ce respect et cette obéissance.

Lohengrin ne pas aimer Elsa ! Il l'aime, au contraire, et de plus d'un amour : en ami, en frère, en amant, en époux. Elsa n'aime pas autant qu'elle est aimée ; l'âme de Lohengrin est supérieure à la sienne. Dans l'admirable premier acte, dès l'arrivée de Lohengrin, cette supériorité paraît. Elsa est une douce créature, prise dans un piège de mensonge et de haine. Pendant la scène de l'interrogatoire, extasiée, presque hallucinée, elle ne vit que dans un rêve, dans le rêve qui lui a promis un sauveur. Tout à coup son héros se montre, et l'on sait quelle entrée radieuse le musicien lui a faite. Après cet éclat, que de douceur ! qu'elle est suave, la bonté des forts ! Dès les premières paroles à Elsa, quelle intensité de tendresse ! Solennellement, Lohengrin propose à la jeune fille le pacte qui doit les lier. Quand elle l'a accepté, « Elsa, dit-il simplement, je t'aime ! » et trois ou quatre notes suffisent à dévoiler l'immensité de cet amour.

Le second acte appartient à Elsa. Comme Marguerite, elle ouvre sa fenêtre la nuit. Mais elle n'a pas l'aspiration de Marguerite aux voluptés prochaines ; elle ne dit pas comme elle : *L'air m'enivre* ! Les sens dorment encore chez l'innocente fiancée. Son amour est fait surtout de reconnaissance. Elle n'appelle pas le bien-aimé ; mais elle pense à lui ; elle le remercie d'être venu vers elle. Elle remercie jusqu'aux souilles favorables qui l'ont amené sur les eaux. Cette brise qui jadis entendit sa plainte, elle la prend maintenant à témoin de sa joie. Du balcon d'Elsa tombent des chants frais et purs, des modulations qui s'enchaînent avec grâce, avec aisance ; la rêverie de la jeune fille se poursuit et s'achève dans la sérénité. Heureuse, Elsa ne se souvient plus de son malheur, ni du mal qu'on lui a fait. Elle témoigne à la traîtresse Ortrude la confiance et l'indulgence que donne le bonheur. Elle descend jusqu'à son ennemie pour la consoler, presque pour lui demander pardon. Chaque phrase d'Elsa respire la mansuétude et la générosité de la jeunesse. Il y a là toute une page adorable. Dans cette âme heureuse, rien ne demeure amer. Elsa veut que tout le monde l'aime. Elle veut surtout désarmer la farouche Ortrude et faire passer en elle un peu de son propre bonheur, avec un peu de sa bonté.

Mais les insinuations d'Ortrude, le scandale provoqué par elle à la porte de l'église troublent la confiance d'Elsa. Ce n'est pas sans arrière-pensée qu'elle franchit le seuil nuptial. Ici se place le grand duo de *Lohengrin*, l'un des plus beaux parmi les grands duos d'amour : l'un des plus beaux par la forme musicale et l'expression dramatique, et aussi par le fond psychologique. Comme dans *les Huguenots*, l'amour ici se complique d'un autre sentiment : la crainte ; mais crainte différente, et, pour ainsi dire, toute spirituelle. Encore un duo menacé, mais d'une catastrophe toute morale : le bonheur seul y est en jeu, non la vie. Là, Valentine essayait de sauver Raoul ; ici, l'homme a repris son rôle de défenseur : Lohengrin veut sauver Elsa d'elle-même. Lohengrin est la force, une force surnaturelle, presque divine ; Elsa n'est que faiblesse, la faiblesse féminine, imprudente et punie.

Notons l'admirable gradation du duo, la progression allant jusqu'à l'extrême, de deux sentimens inverses : l'anxieuse curiosité d'Elsa, la tendresse passionnée de Lohengrin. Le début seul est calme, les deux époux échangent des phrases pareilles, également tendres, également sereines. On ne rencontre plus ensuite dans le cours rapide de la scène qu'une seule halte, la cantilène de Lohengrin s'efforçant de rassurer Elsa, de détourner la question menaçante. Superbe phrase de musique et charmant couplet de poésie ! « Ne respires-tu pas avec moi ces doux parfums ? Mystérieux, ils viennent à travers les airs. Sans les interroger, je m'abandonne à leur influence. Pareil est le charme qui m'a lié à toi quand je te vis pour la première fois. » Sans reproche, mais déjà avec un peu d'étonnement, Lohengrin rappelle à Elsa sa propre discrétion, son intervention pour elle, sans la connaître et sans l'interroger. Il réclame d'elle en retour la même confiance et le même abandon. Plus la voix d'Elsa se fait insinuante, plus celle de Lohengrin se fait amoureuse. A chaque question nouvelle, l'époux ne répond que par une nouvelle caresse.

L'inquiétude d'Elsa redouble, son doute s'irrite. Lohengrin se débat contre l'approche de la demande fatale. Il se défend, lui qui sait le péril de la science, souvent mortelle au bonheur. Mais le délire de la curiosité l'emporte. Sourde aux reproches du héros, aux glorieuses marques qu'il rappelle de sa noblesse, presque de sa divinité, aveugle au rayonnement qui jaillit de cette musique comme d'un foyer de lumière, la jeune femme croit entendre des battemens d'aile : le cygne va revenir et lui reprendre son époux. Le duo atteint ici à son apogée. Éperdue, hors d'elle-même, Elsa lance enfin la question funeste. Le traître paraît ; Lohengrin n'a que le temps de saisir son glaive et d'abattre le misérable. Tout s'écroule aussitôt… et le reste, comme dit Hamlet, le reste, c'est le silence. Dans le lointain passe un lugubre frisson de timbales, un chant presque imperceptible de violoncelles ; une clarinette désolée redit, sans même l'achever, la première phrase du duo… *Nessum maggior dolore*. Rien de plus navrant que cette ruine soudaine et qu'on sent irréparable. Telle ne sera pas la fin du duo de *Faust*, qui s'achèvera dans le transport de la passion victorieuse ; tel non plus le dernier duo de *Roméo*, où la mort même est douce, puisqu'elle fixe l'amour pour l'éternité. Ici, c'est la rupture entre deux âmes et par la faute de l'une d'elles. Faute légère, hélas ! Elsa n'a été coupable que d'un doute ; mais ce doute a suffi, ce nuage a voilé tout un ciel. Lohengrin ne montre pas de courroux ; il prévoyait la défaillance de sa bien-aimée, et l'excuse. Il s'afflige, mais ne s'irrite pas. Il semble que, dans sa prescience de demi-dieu, il ait pardonné d'avance à la faiblesse humaine l'incertitude de la joie et la fragilité de l'amour.

Un critique musical très distingué, deux critiques, veux-je dire, auxquels on doit l'un des plus sages parmi les innombrables livres écrits sur Wagner, ont dit très judicieusement de ce duo : « Qui sait si cet admirable duo d'amour n'emprunte pas justement à ce caractère de transition, à cette absence de parti-pris musical que nous signalions tout à l'heure, un attrait spécial, qui le fera toujours préférer par la majorité des auditeurs aux trois grandes scènes correspondantes de *Tristan*, de *la Valkyrie* et de *Siegfried*[5] ? »

Nous sommes de cette majorité d'auditeurs. Nous ne retrouvons ni dans le duo de *la Valkyrie*, ni dans le duo de *Tristan*, cette élévation du sentiment, et, au point de vue de la forme musicale, cette mesure, cette sagesse et cette raison. Exagérée déjà dans *la Valkyrie*, l'expression de l'amour, dans *Tristan et Yseult*, devient exorbitante.

La passion de Siegmund et de Sieglinde se complique d'un inceste, puisqu'ils sont frère et sœur, et la découverte de cette parenté ne refroidit pas leurs désirs. Il est vrai que les dieux du Walhalla, comme ceux de l'Olympe, ont peu de scrupules. Après le sublime dénoûment, dont l'analyse ne rentre pas dans notre sujet, ce qu'il y a de plus beau dans *la Valkyrie*, c'est le premier acte. Wagner est le seul musicien capable d'écrire un acte pareil ; on l'en félicite, et tout bas on s'en félicite un peu soi-même. Il semble qu'ici déjà le maître ait passé la mesure, qu'il ait pour ainsi dire fait violence à l'art. Cette violence, on la subit. On est entraîné par le mouvement irrésistible, par le torrent qui balaie tout sur son passage. On arrive au terme de la course émerveillé, mais brisé. On emporte du théâtre ou du concert une sorte de courbature intellectuelle. Étonnante musique, mais fatale au système nerveux, qu'elle surexcite et qu'elle ébranle.

L'admiration ce va pas sans souffrance ; la perpétuelle ébullition de l'orchestre, l'opiniâtreté des motifs, leurs retours constans, et pour ainsi dire leur ubiquité, la passion toujours portée au comble, touchant à la frénésie, presque à l'hystérie, tout cela vous étourdit et vous écrase. Quel terrible grand homme que Wagner, et de quelle dure main il vous fait plier devant lui !

Ces réserves faites, disons bien haut qu'il se dégage du duo de *la Valkyrie* une émotion extraordinaire, qu'un géant l'a taillée, et pour des géans ou des héros. Entre le point de départ et le terme de ce duo, quelle distance parcourue ou plutôt dévorée ! Quel sillon de flamme trace cet éclair ! Au début, un homme à demi mort de soif, un misérable se glisse dans une chaumière, et tombe inanimé près du foyer. A la fin, il se relève en héros et fils des dieux. De quels dieux ! Je ne vous le dirai pas, et Wagner nous le dit trop ; il nous fait expliquer par ses personnages leur insipide généalogie. Cela nous glace. Mais ce qui nous réchauffe et nous transporte, c'est le souffle qui passe sur Siegmund à l'aspect de l'épée promise à sa jeunesse, de la femme prédestinée à son amour. On n'entend pas sans frissonner ces sonneries de cuivre, obscures d'abord, et puis flamboyantes comme la poignée du glaive fatidique, ces cantilènes de violoncelles s'épanchant comme l'eau de la coupe sur les lèvres du guerrier. Dès le début, dans l'esquisse de la phrase compatissante de Sieglinde (toujours la compassion chez Wagner), déjà dans cette ritournelle expressive, alors que Siegmund boit et contemple sa bienfaitrice, on a respiré un premier parfum d'amour. Avec quelle splendeur cet amour s'épanouit ! Ici comme dans *Lohengrin,* on dirait que Weber est derrière l'orchestre, qu'il l'excite, le lance ou le retient. Siegmund et Sieglinde se laissent emporter au courant. Tout à coup vient du dehors un grand souffle qui les interdit et les arrête. « qu'est-ce donc ? » s'écrie-t-elle ; et lui de répondre tout bas : « Ne crains rien, bien-aimée ; c'est le printemps et l'amour. » La lune resplendit ; le printemps et l'amour pénètrent dans la chaumière ; des bouffées de harpes montent dans l'air et annoncent une halte délicieuse : le fameux *lied* du printemps. Un instant l'orchestre s'apaise ; il écoute chanter une voix humaine, et cette pause est la bienvenue. Mais elle n'est pas de longue durée ; il faut reprendre notre course. Désormais, Siegmund et Sieglinde savent tout l'un de l'autre : ils s'attendaient, ils s'attiraient comme s'attirent les deux pôles électriques. L'étincelle a jailli entre eux, et le courant ne cessera plus. Le motif de l'épée flamboie, le motif de l'amour l'enveloppe, l'enlace ; tous deux se mêlent et se portent d'un mutuel essor. L'épée enfin est arrachée du frêne, et, l'exploit à peine accompli, les bras du héros, ces bras si forts, se nouent avec tendresse autour de celle qui l'a secouru et qui va le suivre. Encore une minute d'apaisement, un court répit où revient le *lied* du printemps alangui par un changement de rythme, enfin un dernier éclat, et les deux amans s'élancent dans la forêt.

Voilà de grandes beautés ; mais quelques défauts les gâtent. Plus on entend ce duo, plus on y sent l'excès et l'outrance : excès de sonorités, excès des procédés habituels, du *leitmotiv*, et des cadences évitées, et des résolutions suspendues. Trop souvent la musique de Wagner est dans un perpétuel devenir, dans l'*in fieri*, comme le dieu dont M. Renan nous a un jour entretenus. Trop souvent, on l'a dit, elle ne commence pas, elle ne finit pas ; elle dure. On croit une phrase près de s'achever ; par une modulation inattendue, elle recommence. Cela plaît une fois, plusieurs fois ; mais à la longue cela irrite. Prenons, par exemple, le *lied* du printemps. Au moment de conclure, il se dérobe, et avec une grâce charmante il entraîne la mélodie dans une tonalité nouvelle. Mais peu après l'effet se reproduit : même détour, même feinte et toujours ainsi. Cette fuite constante finit par rebuter l'oreille et l'esprit. Autre reproche, et plus grave : certain *leitmotiv* très court, composé de trois ou quatre notes seulement, exprime très heureusement l'insinuation de l'amour dans le cœur de Siegmund et de Sieglinde ; mais ce motif, travaillé de mille manières, d'abord très faible, puis plus hardi, enfin victorieux, revient avec une ténacité presque odieuse. d'abord on est charmé, puis un peu agacé, enfin exaspéré par cette implacable formule qui vous étreint et vous tenaille. C'est elle qui peut-être donne le plus au duo le caractère de violence, de frénésie, répétons-le, d'hystérie, que nous lui avons déjà reproché.

C'est bien autre chose dans *Tristan*, dans *Tristan*, la partition d'amour par excellence, la plus aimée des vrais admirateurs du maître ; *Tristan*, l'œuvre type, plus conforme encore que *l'Anneau du Nibelung* à l'idéal de Wagner.

Si nous nous reportons aux notes par nous prises à Bayreuth, pendant les représentations de *Tristan et Yseult*, dans l'obscurité du théâtre, nous retrouvons des pages labourées d'une écriture inégale, de lettres énormes ou microscopiques, témoignant tour à tour de l'admiration et de l'ennui, de l'enthousiasme et de la colère ; le désordre des annotations correspond au désordre des impressions ressenties. On se souvient d'une œuvre étrange, presque monstrueuse, où le beau et le laid se heurtent, se combattent comme dans le monde des manichéens. *La Valkyrie* fatigue, mais *Tristan* écrase. On demande merci. Et cela pour avoir pendant trois ou quatre heures entendu parler d'amour, ou plutôt chanter d'amour. Quel amour est donc celui-là ! Je n'en connais pas de plus terrible, de plus furieux. Tristan et Yseult s'aiment avec rage, avec férocité. Quand ils marchent l'un sur l'autre à la fin du premier acte, c'est à croire qu'ils vont se dévorer. De plus, ces artistes allemands sont d'une stature ! A Bayreuth, M. Gudehus ou M. Vogl et Mme Sucher avaient l'air d'un couple de géans se livrant à des amours préhistoriques.

Berlioz appelait le prélude de *Tristan* « un gémissement chromatique. « C'est plutôt un rugissement. Il est bien, comme le disent MM. Soubies et Mallherbe, « l'épigraphe exacte, parlante, presque obligée de l'œuvre. » — « Quel fruit espérez-vous de cette violence ? » disait Œnone à Phèdre. C'est un peu le langage de la suivante Brangaine à sa maîtresse Yseult. Quel fruit ? Mais une sorte d'atterrement, d'anéantissement du spectateur par cette violence même. Violent, le prélude ; violente, la première scène entre Yseult et Brangaine. où Yseult, une demi-heure durant, chante moins qu'elle ne hurle, et ne décolère pas. Tristan paraît à peine (sur une ritournelle admirable d'ailleurs), qu'Yseult l'invective ; et lorsque tous deux, sur une autre ritournelle encore plus admirable que la première, ont bu le philtre, « la rage alors se trouve à son faite montée. » Rage d'amour, mais rage véritable. Yseult ne se contient plus. Il faut que Brangaine retienne sa maîtresse, et de toutes ses forces, pour l'empêcher de se ruer sur Tristan, que tout à l'heure elle voulait empoisonner. Je sais bien que la haine est voisine de l'amour. M. Prudhomme l'a dit. On a dit aussi que dans la pensée de Wagner le philtre n'est qu'une allégorie, un symbole qui voile, pour les besoins de la scène, une crise, une évolution des âmes. Des âmes ! Et des corps aussi, sans doute. J'en appelle à cette tempête musicale, à cet élancement frénétique de tout un orchestre en furie. L'effet est formidable, et les interprètes accentuent par la pantomime les intentions de la musique. L'amour allemand s'est accentué depuis *Don Juan*, depuis le cri de Zerline effarouchée. Yseult crie aussi, mais pas de peur. Quelle nature ! Après l'avoir entendue, et vue, une jeune personne « fort honneste » nous disait : « A Paris » jamais on ne m'aurait mené Voir cette pièce-là ! » Bien plus que *la Valkyrie*, plus peut-être qu'aucun opéra (pardon ! drame lyrique) de Wagner, *Tristan* est une œuvre d'excès, une œuvre pour ainsi dire toujours au paroxysme. Avec ces violences, quelles longueurs ! Le duo du second acte est de proportions terribles : assis, debout, puis encore assis, il dure près d'une heure. Mais de cette heure, nous nous rappelons au moins dix minutes absolument sublimes, dix minutes de calme, d'extase idéale. L'orchestre (et quel orchestre !) se pâme, se fond, tandis que les deux voix planent ensemble ; des cors résonnent la nuit sous les grands arbres, la nature est tout imprégnée d'amour, et du haut de sa tour, Brangaine, qui veille, avertit les amans que tout dort et qu'ils peuvent s'aimer.

Il y a d'autres beautés dans cet acte ; notamment, avant le duo, l'appel d'Yseult agitant son écharpe pour guider le bien-aimé, et surtout la prodigieuse page d'orchestre accompagnant l'arrivée de Tristan au rendez-vous. Mais dans notre souvenir, c'est le dernier acte qui domine les deux autres.

Tristan, revenu au vieux burg de son enfance, gît, blessé, sur son lit, par un jour de printemps, dans une cour où l'herbe a poussé pendant sa longue absence. Son écuyer le veille. Assis sur le rebord des remparts que baigne la mer, un pâtre joue des airs d'autrefois. Ici, malgré beaucoup de longueurs, surtout dans le délire de Tristan, qui touche à la folie, l'impression est profonde. Le son de cor anglais exhale une immense tristesse, et devant ce tableau de solitude et d'agonie, mis en scène à Bayreuth avec beaucoup d'art, l'orchestre déroule un admirable poème symphonique. Tout à coup le chant du pâtre s'anime, s'égaie ; il tressaille, il bondit. C'est le vaisseau d'Yseult.

On ne voit pas le navire, mais on le suit dans la chanson du berger : il approche, il aborde. Invisible et souterrain, l'orchestre se débat, saute et hurle de joie. Yseult parait, Tristan se lève, et, presque sans une parole, chancelle, tombe et meurt. L'effet est foudroyant. La jeune femme se couche sur le corps de Tristan. Peu à peu elle se relève, et de sa bouche frémissante s'exhale un chant d'extase incomparable. On retrouve ici les sereines beautés du second acte. L'hymne monte, monte toujours, un peu comme le cantique final de *Guillaume*, et l'amour trop souvent physique et brutal dans le reste de l'ouvrage se transfigure et se purifie par la mort.

VI

Nous touchons au dernier, au premier, peut-être, des musiciens d'amour. Si Gounod (comme il le dit volontiers) a fait beaucoup par et pour l'amour, l'amour a tout fait pour lui. Nul sentiment, ne l'a porté aussi haut. Aucun musicien n'a mieux chanté cette passion. *Faust, Roméo*, chefs-d'œuvre d'amour ; les stances de *Sapho*, le duo de Magali, deux pages d'amour, l'une sublime, l'autre charmante. Les messes, les oratorios même respirent une tendresse mystique ; l'auteur de *Faust* et de *Mors et Vita* pourrait prendre pour devise, le mot de saint Augustin : *Ama et fac quod vis*. Du drame de Goethe, Gounod a retranché tout ce qui n'est pas l'amour ; du drame de Shakspeare, il n'avait rien à retrancher : tout y étant amour.

Charles Nodier disait de l'amour physique « qu'il était extrêmement joli, mais que c'était un sujet sur lequel il ne fallait jamais écrire. » En musique, on ne s'en est point fait faute. Nous l'avons vu avec Wagner ; nous l'allons voir avec Gounod. Mais Gounod, lui, n'a pas forcé la note ; il l'a seulement donnée : exquise et nouvelle. Oui, nouvelle, car ce qu'il a dit, on ne l'avait pas dit encore, et, depuis, on n'a fait souvent que le répéter. Nulle part dans *Faust*, encore moins dans *Roméo*, n'éclate la brutalité de *Tristan*. La musique de Gounod va jusqu'au trouble des sens, mais pas jusqu'à leur délire ; elle éveille le désir au lieu de l'exaspérer. Dans *Faust* même, à côté de la volupté, qui n'en pouvait être exclue, que de pudeur et de grâce réservées ! Rappelons-nous la première rencontre, surtout la réponse de Marguerite : *Non, monsieur, je ne suis demoiselle ni belle* ! Ce n'est pas ainsi que s'abordent Tristan et Yseult, poussés aux bras l'un de l'autre par l'effet d'un breuvage irrésistible.

Même dans l'acte du jardin, pas une ombre de sensualité ne ternit la chasteté de la cavatine : *Salut, demeure chaste et pure* ! Le jeune homme s'est arrêté avec respect. Au moment de porter le trouble en cette maison, il en adore la paix et le silence. Il s'émeut à la pensée de cette innocence, oubliant qu'il est venu pour la flétrir. A la pureté du sentiment répond bien la pureté de la musique : quelle beauté de lignes dans le chant et dans l'accompagnement ! De même le premier récit de Marguerite sur une seule note rêveuse, la chanson du roi de Thulé, trahissent à peine un commencement d'amour. Sur la chanson vieillotte et presque indifférente, les deux *a parte* passent comme d'involontaires rougeurs sur un front de quinze ans. Marguerite ignore encore tout désir ; elle n'est qu'étonnée. Sa chanson n'est pas troublée ; témoin la cadence tranquille, naïve : *Ses yeux se remplissaient de larmes.* Ici chaque phrase, si petite qu'elle soit, ajoute au charme d'un rôle que dépare seulement l'air des bijoux. Cette valse à fioritures, voilà, avec les couplets de Siebel, les deux taches légères de l'acte du jardin. Mais quel rôle que celui de Marguerite ! Que de nuances de sentiment ! *Me voilà toute seule* ! — Ce soupir exprime bien la mélancolie de la solitude éprouvée pour la première fois. *Un bouquet, c'est de Siebel, sans doute… Pauvre garçon* ! — Il est difficile à dire ce : *Pauvre garçon* ! difficile à laisser tomber avec douceur, avec reconnaissance, mais aussi avec un hochement de tête, avec un sourire distrait, comme si déjà la pensée, l'amour surtout, était ailleurs. Encore un mouvement craintif dans la première phrase à Faust : *Ces bijoux ne sont pas à moi, laissez, laissez de grâce* ! et puis l'âme de la jeune fille s'entr'ouvre, s'épanouit. Tout le long du quatuor, de ce chef-d'œuvre scénique et musical, on suit chez Marguerite l'éclosion de l'amour. Tandis qu'elle fait à Faust la confidence de ses chagrins passés, sous la longue phrase : *Que de soins, hélas ! que de peines* ! un contre-chant de violoncelles descend avec une douceur infinie. *Mon cœur parle, écoute* ! murmure Faust ; les voix se rapprochent comme les lèvres, et les mots : *Et pourtant, j'écoute* ! ou plutôt les notes disent que Marguerite va s'abandonner, qu'elle ne luttera plus.

Nous voici au cœur même de l'œuvre, au duo. Il commence par une note unique et régulièrement répétée, procédé familier à Gounod. L'orchestre esquisse, essaie la mélodie que nous allons entendre, et, par une série d'enlacemens, revient à la note primitive. Alors monte des lèvres de Faust la fameuse phrase : *Laisse-moi, laisse-moi contempler ton visage* ! Devant elle nous sommes un peu comme devant les chants classiques connus et admirés depuis l'enfance ; à peine démêlons-nous les raisons de notre admiration. Elle est parfaite, cette phrase : elle n'a pas une mesure, pas une note de trop ; la courbe en est irréprochable. C'est du Mozart avec plus de passion. Ce *laisse-moi*, répété, élargit l'horizon, et jette plus de lumière sur le front de Marguerite. À ces mots d'ailleurs déplacés : *Comme dans un nuage* (il ne faut pas ici de nuage), à ces mots, et malgré eux, tous les voiles se lèvent, et le regard de Faust monte avec sa voix. Puis les notes redescendent, et la mélodie en s'achevant semble doucement se poser. Marguerite, à son tour, reprend, et à travers sa réponse, un contre-chant de flûte passe comme un rayon de lune.

Voilà l'amour tel que l'a chanté Gounod : sans contrainte et sans mélange. Ici pas de couleur historique, comme dans *les Huguenots*, pas de couleur locale, comme dans *l'Africaine*. Rien qu'un jardinet allemand, quelques tilleuls et les étoiles. Entre Faust et Marguerite, aucune arrière-pensée, aucune crainte ne vient s'interposer. Ils s'aiment simplement, complètement, et la fleur même qu'interroge la jeune fille lui répond qu'il faut aimer.

L'orchestre voltige ; on dirait qu'il s'effeuille avec la fleur, que les triolets tombent avec les pétales légers. Faust s'anime, s'exalte dans une chaleureuse paraphrase du mot : aimer ; les harpes prennent leur volée, et soudain s'exhale une note solitaire, une note de cor ; devant elle tout se tait, et elle se prolonge seule au milieu du silence. *D'une ardeur éternelle… Éternelle* ! répètent les deux voix unies, et chaque fois des accords mystérieux transforment l'harmonie de cette seule parole. Puis commence une page idéale d'amour, on pourrait dire la page d'amour par excellence. Là est l'essence même du génie de Gounod. L'âme et les sens à la fois sont pris par ces accens de volupté ; tout l'être en éprouve un trouble délicieux, et reconnaît dans cette musique le mélange de sentimens et de sensations qui est l'amour. Faust chante le premier, d'une voix mâle : *Le bonheur silencieux verse les cieux dans nos deux âmes* ! Quelle horrible poésie ! Ce bonheur qui verse les cieux dans des âmes ! Mais quelle musique ! quelle dilatation du cœur dans la poitrine ! quelle plénitude de vie ! Marguerite répond tout bas, la tête cachée, chantant moins qu'elle ne murmure. Tout se fond dans l'orchestre où s'éparpillent quelques notes de harpes ; les autres instrumens ondoient et flottent mollement. Marguerite n'a plus même la force de répéter son aveu ; l'orchestre le redit pour elle : *Parle,.. parle encore,* soupire-t-elle, et son souffle meurt deux fois avec le mot : *mourir,* sur des notes qui semblent la musique même d'un baiser.

L'âme de Marguerite n'est point encore assez troublée. C'est à la nature maintenant d'achever l'œuvre du démon et de l'homme. Quelle fin d'acte que celle-ci ! Ce n'est point Elsa qui paraît entre les roses du balcon. Ces yeux de femme ont d'autres langueurs, cette voix, d'autres appels. À l'orchestre d'abord, les notes se groupent lentement, et semblent pénétrer avec les rayons de lune par la fenêtre qui s'entr'ouvre. L'accompagnement ondule, égal et doux. Dans la transparence des harmonies passent des chants d'instrumens divers : hautbois inquiets, cors anglais, flûtes d'argent. Des phrases montent et redescendent, des souffles s'élèvent pour retomber. De loin on entend la voix de Marguerite tremblante sur ces mots : *L'oiseau chante,* s'épanouissant sur ceux-ci : *L'air m'enivre.* Les modulations naissent les unes des autres ; le mouvement s'accélère et les sonorités se fortifient. *Il t'aime,* s'écrie Marguerite, répétant le cri universel. Tout l'orchestre alors se soulève, et une explosion triomphale annonce le dénoûment.

Plus à plaindre que Roméo et Juliette, Faust et Marguerite ne chantent qu'un seul duo d'amour, du moins d'amour heureux. Après la scène du jardin, ils ne se retrouvent que dans la prison. Chez la pauvre captive, la passion est morte ou lassée, lassée par les épreuves de l'âme et du corps, par l'abandon, par la misère. Marguerite n'a gardé que le souvenir et comme le fantôme, encore gracieux, de son amour. Ici, toute sensualité devait disparaître et disparaît en effet. La souffrance a tout racheté, l'ombre sacrée de la mort est déjà sur Marguerite. À la voix du bien-aimé elle s'éveille. Avec quelle tendresse encore, avec quelle confiance ! Comme la pauvre enfant se repose sur ce cœur qui l'a trahie ! De l'amour elle ne se rappelle plus la volupté, mais la pudeur et le premier trouble, et cet abord de Faust qui l'avait tout interdite ! voici pourtant de plus brûlantes réminiscences… *Le jardin charmant parfumé de myrtes et de roses*. Aussi Marguerite hésite. C'est l'orchestre et non pas elle qui redit la phrase même du jardin. Et encore cette phrase s'achève autrement, sans la dégradation chromatique, sans la défaillance délicieuse qui jadis la faisait moins pure. Elle finit ici plus chastement et n'est plus que la traduction du mot affectueux de Goethe : « Reste ! J'aime tant à demeurer où tu demeures. »

Quant à l'épilogue admirable de *Faust : Anges purs, anges radieux*, il n'appartient qu'à Dieu. Cependant, après la mort de Marguerite, après l'appel des anges, le chœur céleste est amené par la phrase d'orchestre qui termine l'acte du jardin, et cette phrase, reparaissant une dernière fois, relie deux grands amours : celui qui a failli perdre Marguerite et celui qui l'a sauvée.

Plus encore que par *Faust,* Gounod devait être attiré par *Roméo et Juliette*, autre drame d'amour et drame d'un autre amour. Trois duos, voilà tout *Roméo* : triple danger pour d'autres, triple succès pour Gounod. d'une passion constante, il a noté les trois étapes progressives ; il a écrit un duo de fiançailles, un duo d'hymen et un duo de mort.

Ne cherchons pas ici le décor musical. Le bal chez Capulet et le combat dans les rues de Vérone sont manqués. Rien, dans les scènes accessoires, qui approche de la kermesse, du choral des Épées, de la scène de l'église ou de la mort de Valentin. Mais le fond des deux ouvrages est de même qualité ; certaines parties de *Roméo* seraient plutôt supérieures. *Faust* est plus complet, se tient mieux dans l'ensemble. Au point de vue spécial qui nous occupe : celui de l'amour, *Roméo,* par des détails exquis, le dispute et peut-être l'emporte.

L'ouvrage débute admirablement par une page de grande couleur et de grand caractère, le prologue. J'aimerais le voir mis en scène comme une fresque florentine, et non comme une apothéose du Châtelet. Sur cette fresque musicale, quel rayon : *Juliette parut et Roméo l'aima* ! Le rideau à peine baissé, ce n'est plus un rayon, c'est un flot de lumière qui jaillit de l'orchestre. Les instrumens à cordes exposent, pour la première fois, la phrase qui sera l'âme du drame ; l'âme immortelle, car, après avoir plané sur le lit nuptial des deux époux, elle s'envolera de leur tombeau.

Cette phrase ne ressemble en rien au motif d'amour de *Tristan.* Elle enveloppe au lieu d'étreindre et d'étouffer ; profondément tendre, en nous pénétrant elle ne nous déchire pas. Elle est aussi de bien plus longue haleine. L'autre est moins une phrase qu'une ébauche mélodique et comme une poussée brutale de passion physique. Cela n'empêche que l'amour, dans *Roméo*, commence, ainsi que dans *Tristan*, par *le coup de foudre* ; et ce coup de foudre, il faut l'avouer, est faiblement rendu par l'exclamation de Roméo : *O trésor digne des cieux* ! surtout par la cadence assez plate : *Je ne connaissais pas la beauté véritable*. J'aime encore moins l'entrée évaporée de Juliette, et ses vocalises, et la plus que médiocre valse, exigée sans doute par la cantatrice au mépris du personnage qu'elle représente. Il est inadmissible que Juliette se pose d'abord en virtuose dans cette fête qui doit décider de sa vie.

Charmant, au contraire, le double madrigal : *Ange adorable* ! Notons la différence entre cette première rencontre et celle de Faust avec Marguerite. A l'appel d'un inconnu, Marguerite répond à peine ; elle rougit et passe son chemin. Juliette, au contraire, écoute ; elle laisse Roméo, un inconnu aussi, lui parler à l'oreille. Puis elle répond, et par une phrase semblable, avec une semblable courtoisie ; elle ne marque ni trouble ni honte. Alors s'engage un dialogue gracieux, non sans une pointe de coquetterie et de préciosité. Il y a là, à propos d'un baiser reçu, mais non rendu par la jeune fille, des *concetti* dans le goût de l'époque, auxquels conviennent bien le contour un peu alambiqué de la musique et l'enlacement des deux voix. Et puis, chez Juliette, à son tour, le coup de foudre, mais cette fois fortement exprimé par la musique et fixant pour toujours cette âme qui vient de se donner et ne se reprendra plus. *Si je ne puis être à lui, que le cercueil soit mon lit nuptial*. Sombre et belle promesse d'une bouche et d'un cœur de quinze ans. Sombre et belle musique, à l'accent farouche, martelée sur quelques notes qui descendent résolument vers la tombe, tandis que l'orchestre répète obstinément la même plainte, la même menace. Pour Juliette, cette adorable enfant dont un seul mot d'amour a fait une femme héroïque, on entrevoit la douleur, la mort. Les parens, comme le dira plus tard Roméo, les parens ont tous des entrailles de pierre. A Vérone, au temps des Capulets, les pères disaient déjà comme Argan : « J'entends marier ma fille pour moi et non pour elle. » Ils le disent encore.

L'acte devrait finir par le serment de Juliette et non par une reprise du bal, qui gâte l'effet dramatique[6]. De plus, je ne voudrais pas ici d'entracte, ou presque pas. J'aimerais voir tout de suite le balcon de Juliette, sentir tout de suite, après la fête, la solitude, la nuit, l'amour.

Le second acte est à lui seul un chef-d'œuvre et la merveille de *Roméo*. Il ne s'enferme pas dans une coupe régulière. Il s'affranchit des traditions, même de celles du maître ; il commence en dialogue, en causerie où la tonalité, le mouvement, le rythme, varient continuellement, avec une pleine liberté, selon les nuances les plus délicates du sentiment. A la fin, seulement, l'entretien s'achève en duo concertant. Malgré cette indépendance, rien de décousu ; tout se tient et s'enchaîne. On suit l'acte entier comme un ruisseau qui coule et qui chante.

Il fait nuit ; des souffles passent sur le jardin avec une berceuse d'orchestre qui semble le murmure des arbres.

Roméo guette sous le balcon. Ses amis le cherchent, et leurs voix qu'on entend dans l'éloignement redoublent le mystère dont le jeune homme s'environne. La cavatine : *Ah ! lève-toi, soleil* ! est analogue, sans être identique, à celle de *Faust : Salut, demeure chaste et pure*. Des deux morceaux, la forme est à peu près la même, mais non le fond. Roméo peut sans crainte et sans remords expliquer son loyal amour. Il ignore le trouble « qui fit hésiter Faust au seuil de Marguerite ; » aussi commence-t-il avec franchise l'air qui s'achève par un grand cri de passion. Deux accords de harpes perlent discrètement, et Juliette paraît à son balcon. Elle s'y accoude rêveuse, mais non troublée. Des syncopes discrètes de l'orchestre trahissent seulement les battemens de son cœur. Roméo l'appelle ; et aussitôt, avec une fierté douce : *Qui m'écoute* ? dit-elle, *et surprend mes secrets dans l'ombre de la nuit* ! Cette courte phrase, à elle seule, est exquise. Exquise encore la phrase, ou plutôt exquises toutes les phrases qui suivent. Commodes reflets sur l'eau, mille sentimens passent sur l'âme de Juliette, sur cette âme plus complexe que celle de la simple Gretchen. Entre le vers : *Ah ! tu sais que la nuit te cache mon visage*, et ceux-ci : *Mais accuse la nuit dont le voile indiscret a trahi le mystère*, Juliette se révèle tout entière, moins avancée en âge, mais plus avancée en sagesse que Marguerite. Sans rien savoir de l'amour, elle en devine tout : la fragilité probable, et jusqu'à la honte possible. Elle aime Roméo de toutes les forces de son être. Elle le lui dit avec plus de franchise encore que d'embarras ; mais en retour de cet amour complet, éternel, elle veut le même amour. Elle ne demande pas de sermens, pas d'appel à ces astres changeans qui les écoutent, mais une parole seulement, sérieuse et loyale. Chez cette parfaite créature, la prescience, l'intuition de la femme n'a point terni la pureté de la vierge. Sa précoce vertu garde la candeur de l'innocence. Elle ne veut même pas que l'aveu de son amour à elle et la flatterie de cet amour surprennent le cœur de Roméo ; il lui faut ce cœur libre, et tout entier. S'il ne se donne pas à jamais, elle ne se plaindra pas ; elle souffrira et elle mourra seule. Mais Roméo ne songe guère à se refuser. Avec quelle chaleur il répond : *Ah ! je te l'ai dit, je t'adore* ! Quel redoublement de passion à ces mots : *Dispose en reine, dispose de ma vie* ! Sur cette péroraison éperdue, les notes des harpes pleuvent comme les étoiles dans une nuit d'été. Elle s'avance, la nuit des fiançailles ; dans la maison, l'on appelle Juliette. Alors les deux voix s'unissent pour un adieu d'une langueur, d'une souffrance délicieuses ; chaque note semble s'attarder et retenir l'instant qui passe. Juliette s'éloigne et revient encore. Elle disparaît enfin, sa lampe s'éteint, et dans la nuit s'élève de nouveau la phrase d'orchestre par laquelle a commencé l'acte. Roméo, du geste et de la voix, adresse à sa fiancée un dernier baiser, une suprême bénédiction d'amour. Elle ne rouvrira plus sa fenêtre comme Marguerite ; elle ne livrera pas aux influences de la nuit une âme troublée. Dans ce jardin, la nature se tait et sommeille ; les fleurs n'ont point de dangereux parfums, le démon n'est pas là. *Repose en paix, sommeille*, murmure Roméo, et Juliette s'endort ; ses yeux se ferment quand meurt sous le feuillage l'adieu du bien-aimé.

Après le duo des fiançailles, le duo nuptial ; après les mutuelles promesses, la possession réciproque et les communes extases. Une des grandes qualités de cet autre duo, c'est qu'il n'est pas trop long. A l'inverse du duo de *Tristan*, il ne pèche par aucun excès : ni de sentiment, ni de durée. Et cependant il ne manque ni de développement ni de passion. *Je t'aime, ô Roméo* ! dit Juliette, *je t'aime, ô mon époux* ! Elle accentue avec solennité ce nom dont elle voulait avoir le droit de nommer Roméo avant de lui appartenir. Pour tous deux, enlacés dans l'ombre, la nuit s'écoule, les heures se succèdent, pareilles. Un accompagnement ininterrompu, presque monotone, berce le chant nuptial que les époux murmurent ensemble. Au-dessus des accords réguliers, les phrases s'enchainent, se répondent, et ce double nocturne exprime, non plus l'inquiétude, le trouble du désir, mais l'apaisement et la langueur de la tendresse satisfaite.

Déjà l'alouette chante, et vainement Juliette d'abord, puis Roméo, veulent n'entendre dans sa voix que celle du rossignol. Que dire de la phrase célèbre, aussi célèbre maintenant par Gounod que par Shakspeare : *Non, non, ce n'est pas le jour* ! Des phrases comme celle-ci montrent l'originalité de l'inspiration du maître. On trouve chez de plus grands, chez les plus grands, des beautés différentes, supérieures même ; des beautés semblables, jamais. Où avions-nous entendu dans *Orphée*, dans *Don Juan*, dans

Fidelio, de tels accens d'amour, ou plutôt les accens de cet amour, que notre jeunesse a salué avec enthousiasme, parce qu'elle a reconnu en lui son amour ? Ou avions-nous entendu, où avions-nous pour ainsi dire vu monter l'aurore comme dans la superbe progression : *Vois ces rayons jaloux* ! voilà ce qui fait la force et la gloire de l'art contemporain : c'est son effet immédiat et sa puissance actuelle ; c'est qu'il habite parmi nous, plein de grâce et de vérité. Quelle lutte de l'amour avec la lumière, avec les voix matinales qui vont le mettre en fuite ! Quelle négation toujours plus passionnée, et des rayons du jour et des chants de l'oiseau ! Quelle révolte contre le temps, dans l'explosion de l'orchestre qui rejette Juliette aux bras de Roméo ! Puis, quand l'aube a triomphé, quel pressentiment de l'avenir, quel demi-sourire mélancolique dans la phrase délicieuse : *Un jour il sera doux à notre amour fidèle De se ressouvenir de ses tourmens passés* ! réponse consolante de Shakspeare au mot amer de Dante, que nous rappelait naguère la fin désolée du duo de *Lohengrin* !

Voici enfin le troisième, le dernier duo d'amour, et d'amour dans la mort, d'où il tire une nouvelle grandeur. Cet amour ne s'interrompra qu'un instant, pour renaître et ne plus mourir. « Nous nous en allons, a dit Lamennais, vers notre vraie patrie… Mais, à l'entrée, il y a un passage où deux ne sauraient marcher de front, et où l'on cesse un moment de se voir ; c'est là tout. » Aussi, la douleur de Roméo n'est-elle point le désespoir ; au contraire, elle est pleine d'espérance. Il entre d'un pas ferme dans le souterrain, et chante d'une voix assurée. L'idée de survivre à Juliette ne l'a pas effleuré. Il ne veut que donner un baiser à ce corps charmant avant d'en rejoindre l'âme encore plus charmante. *O ma femme* ! s'écrie-t-il, et de la même phrase dont il l'enveloppait vivante, éperdue d'amour, il la salue sur sa couche mortuaire. Dans cette dernière scène, on entend monter peu à peu la vie au cœur de Juliette, au cœur de Roméo l'épouvante et la joie. En même temps que la vie, l'amour ressaisit l'âme de la jeune femme, et les mélodies anciennes se réveillent avec elle. Encore un dernier chant de Roméo : *Console-toi, pauvre âme* ! épuré, pacifié par l'approche de la mort, et terminé par un coup d'aile vers la lumière. Puis, comme à la fin de *Faust*, un poignant souvenir d'autrefois : *Non, ce n'est pas le jour*. Si ! cette fois encore, c'est bien le jour qui se lève, mais le jour éternel, que salue avec une douceur infinie une dernière reprise du motif d'amour.

Du seuil de ce tombeau, qu'on regarde en arrière, qu'on pense à l'héroïsme d'Alceste, à la douleur d'Orphée, au dévoûment de Léonore ; on mesurera d'un coup d'œil le chemin parcouru. On comprendra que sur le front de Gounod a brillé une auréole nouvelle de jeunesse et d'amour. A l'entrée de sa demeure, une main amie a représenté la blanche théorie de ses héroïnes. Les charmantes gardiennes veillent au seuil de la maison. Et quand le maître passe, Marguerite arrête son rouet, Juliette n'écoute plus le rossignol ; elles regardent en souriant et se disent entre elles, tout bas : Voilà peut-être celui qui nous a le mieux comprises et qui nous a le plus aimées.

CAMILLE BELLAIGUE.

1. ↑ Voyez la *Revue* du 15 septembre 1887 et du 15 février 1888.
2. ↑ Chez Ricordi à Milan ; à Paris, chez Durdilly.
3. ↑ *Guance elette*, littéralement joues choisies, d'élite, est intraduisible.
4. ↑ Célèbre *lied* de Schumann.
5. ↑ *L'Œuvre dramatique de Richard Wagner*, par Albert Soubies et Charles Malbarbe, 1 vol. ; Fischbacher, 1886.
6. ↑ Cette fin est indiquée comme variante, mais comme variante seulement, à la fin de la partition.